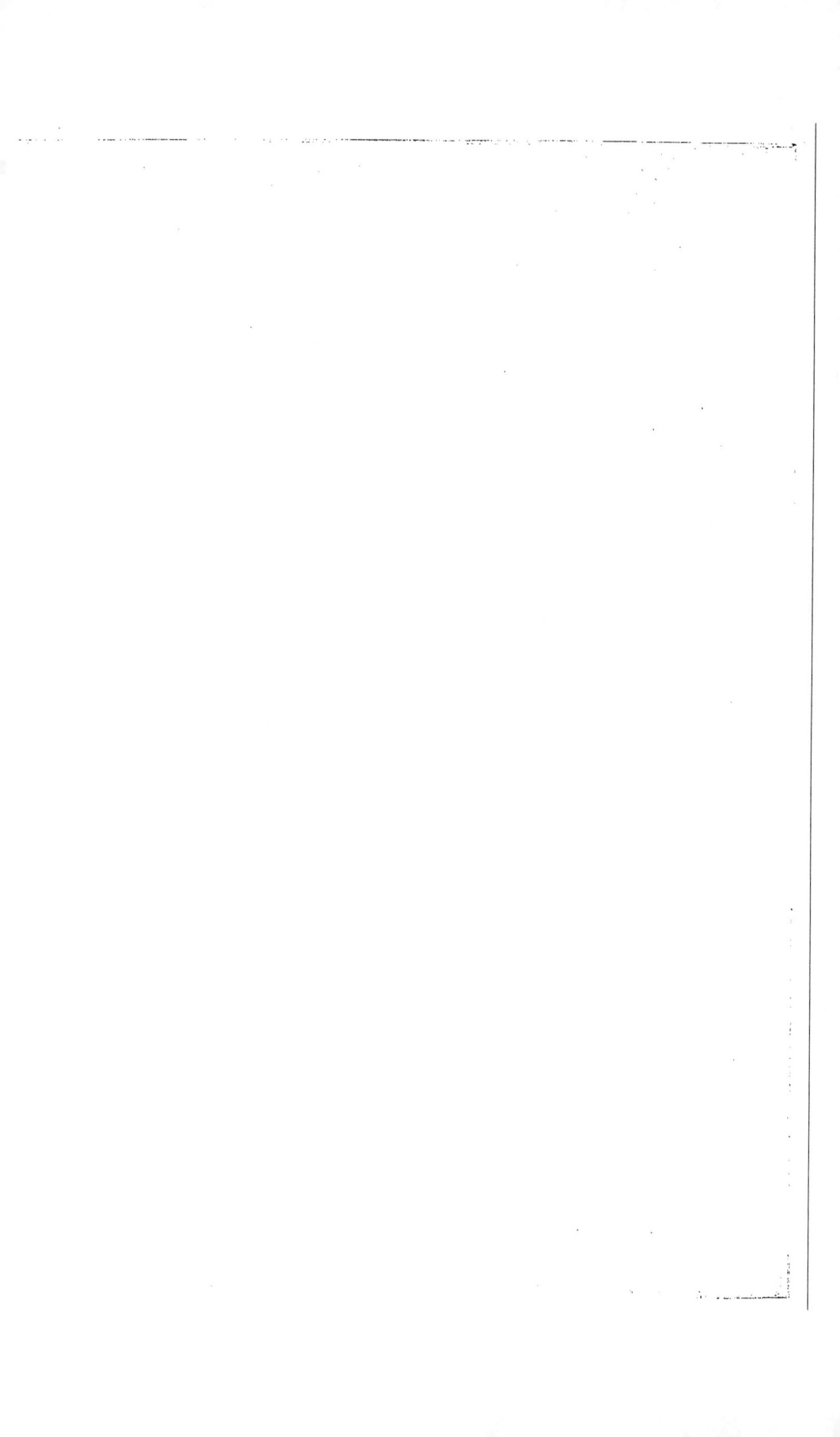

L'IMPOT

DES PATENTES

ET LA

FABRIQUE DE DENTELLES

DU PUY

Mémoire au Conseil d'État

PAR

R. EXPERTON

Fabricant de Dentelles au Puy

LE PUY

IMPRIMERIE M.-P. MARCHESSOU, BOULEVARD SAINT-LAURENT

1861

PRÉFACE

Une nécessité, qui paraît être des plus urgentes, nous fait aborder un sujet aride pour nous, qui, dépourvu de connaissances spéciales pour le traiter, sommes obligé de les acquérir par une étude prompte et difficile. Il s'agit *de l'impôt des patentes tel qu'il est appliqué à la fabrique de dentelles.* — Nous ignorons l'accueil qui sera fait à notre travail par l'opinion de ce pays. Dans une récente occasion, nous avons pu reconnaître qu'il ne suffit pas toujours d'agir avec des vues droites et désintéressées pour être jugé favorablement. Mais nous ne sommes point arrêté par la pensée que nos bonnes intentions peuvent être encore méconnues. Le désir d'être utile à nos confrères les fabricants de dentelles et de rendre pour l'avenir un vrai service à notre industrie, nous fait vaincre des obstacles qui nous paraîtraient insurmontables s'il s'agissait d'un moindre intérêt.

En général, nous ne connaissons pas assez la question des patentes, et cette ignorance nous porte à manquer de confiance dans nos droits.

Les fabricants de dentelles subissent cette année une cotisation de cet impôt qui surprend par l'élévation de son taux et qui est l'objet de leurs réclamations ; elles ont été sans le moindre résultat jusqu'à présent, que doivent-ils faire ?...

Nous qui allons écrire pour établir, d'une manière irréfutable, le *bien fondé* de ces réclamations, nous avons subi cet état de choses pendant deux ans sans nous plaindre, et nous nous abstenions de réclamer, parce que nous nous trouvions devant l'inconnu et que nous craignions d'ajouter à une charge bien lourde déjà, ce que l'on nous disait n'être que le minimum, auquel il était inutile de vouloir échapper. C'est encore le cas de la plupart des fabricants de dentelles du Puy, qui ne sont pas frappés du maximum ; ils réclament cette année, c'est vrai ! mais non sans la crainte de s'attirer par la suite, et pour ce fait, une plus lourde imposition. Nous sommes loin de dire qu'ils ont raison ; mais nous constatons ce fait qui nous a été personnel.

Nous divisons notre travail en deux parties bien distinctes : la première est l'*exposé* de la question ; la seconde en sera la *discussion*.

Nous nous appliquerons à nous mettre à la portée de toutes les intelligences par la simplicité de notre exposition, et à ménager les justes susceptibilités de l'Administration , qui se trouve *partie* dans le différend qu'il s'agit d'éclairer. Si nous devons ne pas réussir, nous espérons qu'on nous saura bon gré, quand même, de notre intention et de nos efforts , et qu'on nous accordera l'indulgence que nous réclamons pour notre premier essai.

Le Puy, le 3 octobre 1861.

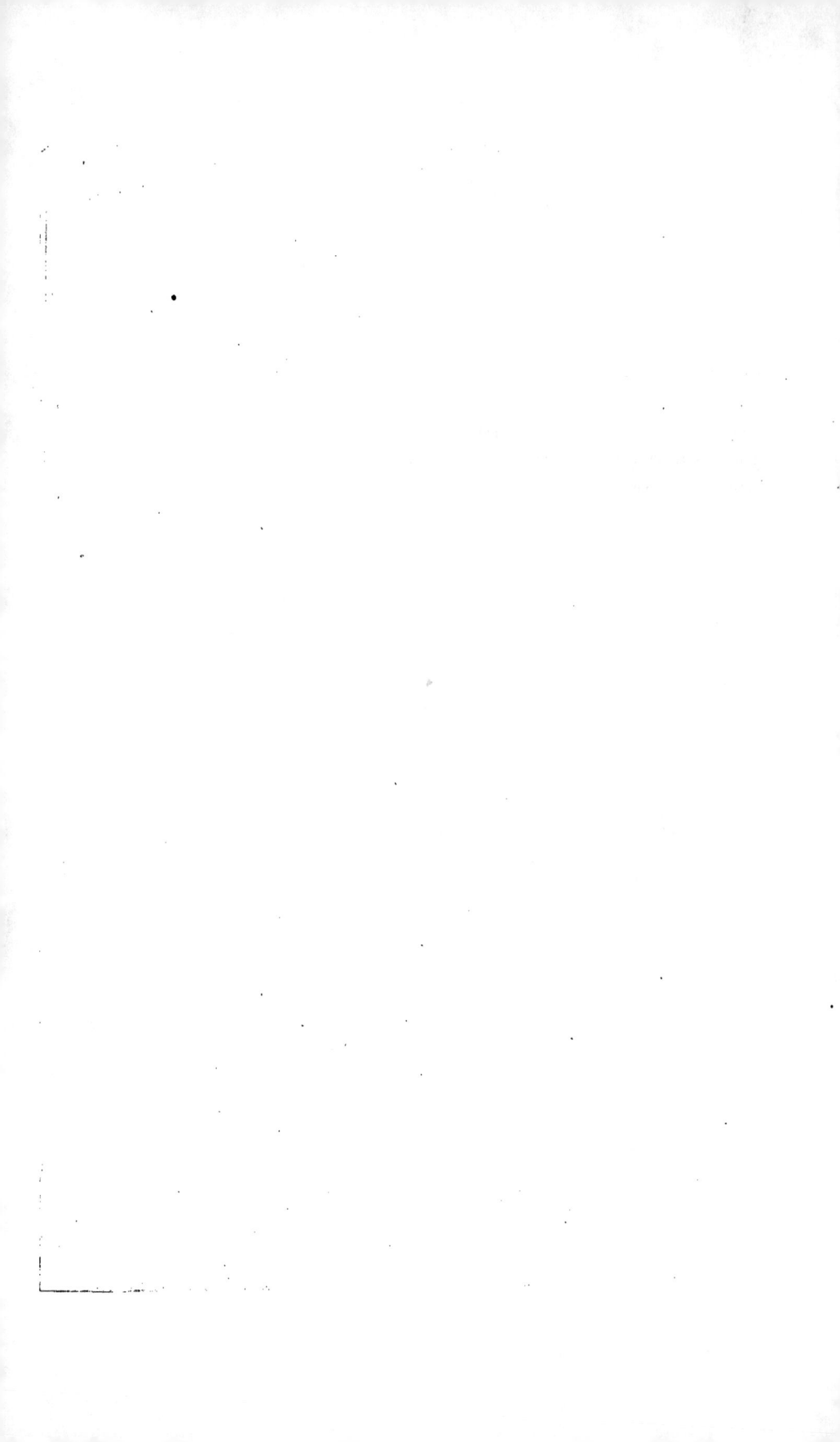

L'IMPOT DES PATENTES

ET LA

FABRIQUE DE DENTELLES

―――――⤜∞◇∞◇⟨❋⟩◇∞◇∞⤛―――――

PREMIÈRE PARTIE

EXPOSÉ DE LA QUESTION

Toutes les fois qu'il s'agit de trouver la solution d'une question donnée, il est essentiel de définir d'une manière très-complète les termes mêmes de cette question, et si les intelligences à qui nous nous adressons ne sont pas d'une égale aptitude, nous devons nous efforcer de donner des explications telles qu'elles soient néanmoins compréhensibles pour toutes.

Nous voulons bien convaincre le Conseil d'Etat, devant qui la cause sera portée; mais ce n'est pas là notre unique but. Si nous n'avions que ce seul auditeur en vue, quelques lignes seraient à peine nécessaires pour poser suffisamment les termes de notre question et nous pourrions immédiatement la débattre. Mais nous voulons aussi convaincre ce grand jury de l'opinion publique, dont le verdict ne peut pas nous nuire, parce qu'il acquiert de jour en jour une importance plus grande.

§ 1er.

De l'impôt des patentes en général.

La loi organique des patentes date du 25 avril 1844. Cette loi, bien qu'elle reste toujours la loi fondamentale, a été cependant modifiée par trois autres lois postérieures, datant des 18 mai 1850, 10 juin 1853 et 4 juin 1858.

La législation des patentes est très-difficile à suivre ; mais nous en trouvons le résumé, et comme le corps, dans une instruction générale, datée du 31 juillet 1858, et adressée par le Directeur général des contributions directes à tous les agents de son administration, pour leur servir de guide. Nous aurons, sans doute, nous-même plus d'une fois l'occasion de la consulter.

La contribution des patentes n'est pas uniforme ; elle varie selon les cas, et se compose : ou d'un droit fixe, ou d'un droit proportionnel, ou de ces deux droits à la fois.

LE DROIT FIXE est un droit invariable qui frappe directement le commerce, l'industrie ou la profession. Il est établi, en général, d'après le chiffre de la population du lieu où le patentable exerce. Quelquefois cependant, ainsi que nous le verrons, il est établi d'après d'autres bases de cotisation.

LE DROIT PROPORTIONNEL est un droit variable qui frappe indirectement le commerce, l'industrie ou la profession. Il est établi sur la valeur locative, à laquelle il est proportionnel, comme le porte son nom, des magasins, ateliers et locaux, en général, servant à l'exercice des professions imposables... Il varie du 15e au 50e de la valeur locative, d'après la nature même des professions et le taux du droit fixe.

Pour faire l'application de ces droits, le législateur a dressé la nomenclature de tous les commerces, industries ou professions imposables, qu'il a rangées en quatre tableaux désignés par les quatre premières lettres de l'alphabet : A, B, C, D. A chacun de ces tableaux, il a appliqué un tarif spécial, particulier à chacune des professions qui s'y trouvent inscrites; de telle sorte qu'il suffit de se reporter au tarif général des droits de patente, composé d'après les tableaux du législateur, pour voir de quelle manière se trouve établie la contribution due par chaque profession. — Enfin, si une profession ne s'y trouve pas classée, on lui applique la contribution d'après les bases de la profession la plus ressemblante, avec laquelle on dit qu'elle est profession *similaire*, quant au tarif.

Telle est la manière générale dont se compose, pour chaque profession, la contribution des patentes.

Il nous reste à parler des tableaux A et C, les plus importants et les seuls, d'ailleurs, dont nous aurons à nous occuper.

Du tableau A.

Le tableau A embrasse la généralité des professions commerciales. Sauf le tableau C, qui comprend aussi un certain nombre de professions importantes, distraites pour la plupart du tableau A, en vertu de la nouvelle loi du 4 juin 1858, les autres tableaux ne représentent, pour ainsi dire, que des exceptions.

Les professions du tableau A s'y trouvent divisées en huit classes,

représentant l'importance relative que le législateur leur a attribuée.
La première classe comprend, par conséquent, les professions qui
revêtent le plus haut degré d'importance, comme la huitième classe
comprend celles qui revêtent le plus faible degré. Enfin, une même
profession peut appartenir à plusieurs classes différentes, selon, en
général, qu'elle a assez d'importance pour comporter des divisions,
et être distinguée, par exemple, par *gros, demi-gros* et *détail*.

Nous citerons deux exemples : — Le *dégraisseur* est une profession de septième classe, n'importe la ville et l'importance même
de l'industriel qui l'exerce. — Le *marchand épicier* est une profession
de première, deuxième ou cinquième classe, selon qu'il est réputé
marchand en gros, demi-gros ou détail.

Ajoutons maintenant que chaque classe du tableau A paie un
droit fixe basé sur le chiffre de la population du lieu où la profession
s'exerce, de sorte que plus ce chiffre de population est élevé et plus
aussi le droit fixe est élevé. Le législateur a, néanmoins, encore
ici, tracé des règles, et il a divisé les populations en huit catégories.

De cette sorte, le droit fixe, pour toutes les professions du
tableau A, se cotise sur deux éléments : 1° la *classe* à laquelle
cette profession appartient ; 2° la *catégorie* de population du lieu
où elle s'exerce.

Ainsi il peut arriver que, dans une même classe, une profession
subisse huit droits fixes différents, si elle est exercée dans huit villes
de population assez diverse pour donner lieu à un changement de
tarif d'une ville à l'autre.

Voici le tableau des classes de professions et des catégories de
population, avec le taux des droits fixes correspondants.

TABLEAU A.

TARIF GÉNÉRAL DES PROFESSIONS IMPOSÉES EU ÉGARD A LA POPULATION.

CLASSES.	au-dessus de 100,000 âmes.	de 50,001 à 100,000 âmes.	de 30,001 à 50,000 âmes.	de 20,001 à 30,000 âmes.	de 10,001 à 20,000 âmes.	de 5,001 à 10,000 âmes.	de 2,001 à 5,000 âmes.	de 2,000 âmes et au-dessous.
				DROIT FIXE DANS LES COMMUNES				
1re	300	240	180	120	80	60	45	35
2e	150	120	90	60	45	40	30	25
3e	100	80	60	40	30	25	22	18
4e	75	60	45	30	25	20	18	12
5e	50	40	30	20	15	12	9	7
6e	40	32	24	16	10	8	6	4
7e	20	16	12	10	8	5	4	3
8e	12	10	8	6	5	4	3	2

Du tableau C.

Le tableau C comprend un nombre considérable d'industries ou professions assez diverses, mais se rattachant, la plupart, à la fabrication des produits, au moyen de la matière première.

Pour les industries du tableau C, le droit fixe s'établit sans avoir aucun égard à la population. Ainsi, pour les banques, le droit fixe porte sur le capital ; pour les armateurs, il porte sur le tonnage des navires ; pour les fabricants et les manufacturiers, il porte, en général, sur le nombre des ouvriers, des métiers ou des machines. Toutes les industries des tableaux A et C sont sujettes aux deux droits à la fois, droit fixe et droit proportionnel. Il n'y a qu'une seule exception en faveur des industries de septième et de huitième classe du tableau A, qui ne sont pas sujettes au droit proportionnel dans les communes de 20,000 âmes et au-dessous.

Nous venons d'expliquer comment s'établit le droit fixe, pour les industries du tableau A et pour les industries du tableau C. Pour le droit proportionnel, il est indiqué dans le tarif général, en tête de la nomenclature de chaque série d'industries, et est d'autant plus élevé, que cette série appartient à une classe plus élevée dans le tableau A, ou à une industrie plus importante dans le tableau C. Nous n'aurons, du reste, pas à nous occuper du droit proportionnel.

Nous croyons suffisantes les notions générales que nous venons de donner. Nous ne nous occuperons plus que de ce qui a rapport à l'industrie des dentelles ; et quoique cela doive nous obliger à nous répéter, quand nous suivrons la loi de 1858, et que nous en contrôlerons l'application à la fabrique de dentelles, nous allons maintenant mettre en regard la *cotisation* du droit fixe, qui lui est appliqué d'après le tarif général et la *cotisation* qui est appliquée, en réalité, du moins à une partie de la fabrique de dentelles, par l'administration, en vertu soi-disant des règles du tableau C. On verra tout de suite la différence énorme qui résulte de ces deux modes de cotisation et l'intérêt majeur qui, pour la fabrique de dentelles, s'attache à la question de savoir si elle doit être imposée d'après les règles du tableau A, ou d'après les règles du tableau C.

§ 2.

L'impôt des patentes appliqué à la fabrique de dentelles, d'après le tarif réglémentaire.

Le tarif réglémentaire des droits de patente, modifié d'après la nouvelle loi de 1858, et qui est le seul actuellement en vigueur, range la fabrique de dentelles dans les professions du tableau A. Voici l'extrait de ce tarif qui s'y rapporte :

	Classes du tableau A.	Taux du droit proportionnel.
Tableau A. *Dentelles.* (Entrepreneur de fabrication de). Celui qui, fournissant le fil, et moyennant un prix convenu, fait fabriquer pour les maisons qui lui donnent des dessins.	3ᶜ	20ᶜ
Tableau A. *Dentelles.* (Facteur de). Celui qui, avec les fils que lui remettent les fabricants, se charge de faire confectionner les dentelles et en garantit la bonne confection. (Définition administrative).	6ᶜ	20ᶜ
Tableau A. *Dentelles.* (Fabricant de) en gros. Celui qui vend en gros les dentelles qu'il a fabriquées. (Définition administ.).	1ʳᵉ	15ᶜ
Tableau A. *Dentelles.* (Fabricant de) en demi-gros. Celui qui vend en demi-gros les dentelles qu'il a fabriquées. (Définition admin.).	2ᶜ	20ᶜ
Tableau A. *Dentelles.* (Fabricant de) en détail. Celui qui vend en détail les dentelles qu'il a fabriquées. (Définition administrat.).	4ᶜ	20ᵉ

Puisque nous y sommes, donnons aussi l'extrait du tarif qui a rapport aux marchands de dentelles, et constatons seulement, pour le retenir, que ce tarif est absolument le même que celui des trois dernières catégories de fabricants que nous venons de donner.

				Classes du tableau A.	Taux du droit proportionnel.
TABLEAU A. *Dentelles*. (Marchand de) en gros. .				1re	15e
Id.	Id.	Id.	en demi-gros.	2e	20e
Id.	Id.	Id.	en détail. . .	4e	20e

Reportons-nous maintenant au tableau des huit classes de professions et des huit catégories de population que nous avons précédemment donné, au paragraphe tableau A ; nous établirons ainsi le droit fixe des trois classes de fabricants et de marchands de dentelles de la commune du Puy, appartenant à la catégorie de celles qui ont de 10,001 à 20,000 âmes :

Fabricant ou marchand en gros. . . .	1re classe.	80 francs.
Id.	id.	en demi-gros.	2e	id.	45 id.
Id.	id.	en détail. . . .	4e	id.	25 id.

§ 3.

L'impôt des patentes appliqué à la fabrique de dentelles par l'administration.

Nous verrons plus tard ce qui a porté l'administration à appliquer à la fabrique de dentelles un tarif autre que celui qui est si expressément articulé dans le tarif général ; pour le moment, nous nous bornons à dire qu'elle n'a pas agi sans des apparences très-sérieuses de raison, et nous nous contentons de faire connaître le tarif qu'elle applique.

Elle comprend aussi trois classes de fabricants, ainsi tarifiées :

Fabricant ayant 105 ouvrières (maximum). Droit fixe... 300 fr.

    Id.   80   id.   id. . . . 225

    Id.   60   id.   id. . . . 165

Ainsi les droits fixes, comparativement modiques, s'élevant, d'après le tarif général, à 80 fr., 45 fr. et 25 fr., ressortent, d'après les règles appliquées par l'administration, pour les trois classes apparemment correspondantes aux sommes énormes de 300 fr., 225 et 165... C'est-à-dire que, en comparant le tarif totalisé des trois classes, d'après le tableau A, et le même tarif totalisé pour les trois classes prétendues du tableau C, nous avons une surélévation totale d'impôt de 150 fr. à 690 fr., ou de 1 fr. à 4 fr. 60.

Ces chiffres parlent d'eux-mêmes ; et, sans même rien préjuger, il semble tout d'abord que l'impôt des patentes nouvellement appliqué à une partie de la fabrique de dentelles, dont le droit fixe et le droit proportionnel sont encore surchargés de quatre centimes additionnels, ajoutés au principal, en remplacement du droit de timbre des formules de patente, aggravés par les centimes additionnels généraux, départementaux ou communaux, cotisés sur un principal déjà si énormément enflé ; il apparaît, disons-nous, tout d'abord, que cet impôt est élevé hors de mesure.

Portons maintenant notre attention sur la loi de 1858, qui a servi de point de départ aux règles nouvelles dont nous venons de signaler seulement les effets.

§ 4.

Loi des patentes du 4 juin 1858.

La loi des patentes du 4 juin 1858 n'est pas un corps de loi particulier, distinct. — Ses dispositions se trouvent, au contraire, dans une autre loi dont elles font partie : la loi du 4 juin 1858, portant fixation du budget général des dépenses et des recettes de l'exercice 1859. — Elles comprennent les articles 8 à 15 de cette loi budgétaire. En voici la teneur, moins le tableau qui complète l'article 8 et qui n'est autre que la nomenclature des professions dont la nouvelle loi s'occupe, avec les modifications qu'elle y apporte.
. . . .

ART. 8. Les tarifs et tableaux concernant les patentes, annexés aux lois des 25 avril 1844 et 18 mai 1850, sont modifiés conformément au tableau annexé à la présente loi.

ART. 9. Le patentable ayant plusieurs établissements, boutiques ou magasins de même espèce ou d'espèces différentes est, quelle que soit sa classe ou sa catégorie comme patentable, imposable au droit fixe entier pour l'établissement, la boutique ou le magasin donnant lieu au droit fixe le plus elevé, soit en raison de la population, soit en raison de la nature du commerce, de l'industrie ou de la profession.

Il est imposable, pour chacun des autres établissements, boutiques ou magasins, à la moitié du droit fixe afférent au commerce, à l'industrie ou à la profession qui y sont exercés.

Les droits fixes et demi-droits fixes sont imposables dans les communes où sont situés les établissements, boutiques ou magasins qui y donnent lieu.

ART. 10. Dans les établissements à raison desquels le droit fixe de patente est réglé d'après le nombre des ouvriers, les individus au-dessous de seize ans et au-dessus de soixante-cinq ne seront comptés dans les éléments de cotisation que pour la moitié de leur nombre.

ART. 11. L'exemption des droits de patente prononcée par l'article 13, paragraphe 6, de la loi du 25 avril 1844, en faveur des ouvriers travaillant chez eux ou chez les particuliers, sans compagnon, apprenti, enseigne ni boutique, est applicable aux ouvriers travaillant dans ces conditions pour leur propre compte et avec des matières à eux appartenant, comme à ceux qui travaillent à la journée ou à façon.

Ne sont point considérés comme compagnons ou apprentis, la femme travaillant avec son mari, ni les enfants non mariés travaillant avec leurs père et mère, ni le simple manœuvre, dont le concours est indispensable à l'exercice de la profession.

ART. 12. Les formules de patente sont affranchies du droit de timbre établi par l'article 26 de la loi du 25 avril 1844.

En remplacement de ce droit, il est ajouté quatre centimes additionnels au principal de la contribution des patentes.

ART. 13. Sont imposables, au moyen des rôles supplémentaires, les individus omis aux rôles primitifs qui exerçaient, avant le premier janvier de l'année de l'émission de ces rôles, une profession, un commerce ou une industrie sujets à patente, ou qui, antérieurement à la même époque, avaient apporté dans leur profession, commerce ou industrie, des changements donnant lieu à des augmentations de droits.

3

Toutefois les droits ne sont dus qu'à partir du premier janvier de l'année pour laquelle le rôle primitif a été émis.

A l'égard des changements survenus dans le cours de ladite année, la contribution n'est perçue qu'à partir du premier du mois dans lequel la profession a été embrassée ou le changement introduit.

Dans tous les cas, les douzièmes échus ne sont pas immédiatement exigibles ; le recouvrement en est fait par portions égales, en même temps que celui des douzièmes non échus. »

Telle est la loi des patentes 1838, moins le tableau qui lui est annexé, où nous pourrons seulement trouver les modifications qui nous intéressent.

§ 5.

La loi de 1838, dans ses stipulations particulières, nominatives des professions, range la fabrique de dentelles dans les professions du tableau A.

Le tableau annexé à la loi de 1838 comprend deux parties : la première, sous le titre *Retranchements,* donne la nomenclature des commerces, industries et professions qui sont retranchés des tableaux annexés aux lois des 25 avril 1844 et 18 mai 1850. Malgré nos soins, nous n'avons pu rien découvrir dans cette partie qui eût trait à l'industrie des dentelles.

La seconde partie, sous le titre *Additions,* fait connaître tous les commerces, industries et professions ajoutés aux tableaux des lois précédentes, lesquels tableaux, ainsi modifiés par retranchements et par additions, forment le tableau actuellement en vigueur.

La première division de cette seconde partie comprend les huit classes d'industries, professions et commerces dont le droit fixe est réglé eu égard à la population et d'après un tarif général. C'est là que nous trouvons le fabricant de dentelles dans trois classes :

Fabricant de dentelles en gros, première classe, tableau A.
Id. demi-gros, deuxième classe Id.
Id. en détail, quatrième classe Id.

Voilà les règles expresses attribuées nominalement au fabricant de dentelles par la loi de 1858... Nous le savions déjà par le dépouillement que nous avons fait plus haut du tarif général, à l'article *Dentelles*. Recherchons maintenant ce qui a porté à ne pas tenir compte de ces règles, l'administration qui n'a pas péché par ignorance, il faut croire.

§ 6.

Addition faite au tableau C.

En continuant, dans la partie des *Additions,* de parcourir la nomenclature des commerces, industries et professions à ajouter aux anciens tableaux, nous trouvons, dans la série des industries et professions dont le droit fixe est réglé sans avoir égard à la population, formant le tableau C, à la troisième partie, lettre F :

« Fabricant dont la profession est spécialement dénommée au tableau
» des commerces, des industries ou professions dont le droit fixe est
» réglé eu égard à la population et d'après un tarif général, lorsqu'il
» travaille pour le commerce et qu'il occupe plus de dix ouvriers dis-
» séminés ou renfermés dans un même établissement :
 » Pour les dix premiers ouvriers...... 15 francs.

» Plus, pour les ouvriers au-dessus de dix, 3 francs par ouvrier ou
» par série d'ouvriers momentanément employés, équivalente à un ou-
» vrier employé complètement jusqu'au maximum de 300 francs.

» Les droits ci-dessus seront réduits à la moitié pour les fabricants
» à façon.

» (Dans aucun cas le droit fixe ne pourra être inférieur à celui qui
» résulterait de l'application du tarif réglé, en raison de la population
» à la profession de fabricant.) »

Nous sommes loin de trouver mal venue cette stipulation du législateur, qui doit cependant, pour certaines industries, modifier si profondément les règles tracées avec tant de soin dans le tableau A... Nous
regrettons seulement qu'elle donne lieu à de mauvaises interprétations
par la généralité et l'élasticité de la qualité *fabricant pour le commerce*.
Nous avouons même sans détour que nous en avons été déconcerté
au premier abord, pour l'application qui en est faite à notre industrie ;
car, on l'a déjà compris, c'est l'arme dont s'est emparée l'administration pour faire passer le *fabricant de dentelles* du tableau A au tableau
C, et lui appliquer le tarif que nous connaissons.

Cependant, est-il admissible que le législateur ait voulu d'intention,
en édictant au tableau C une règle qu'il applique à l'industriel, qu'il
qualifie génériquement par *fabricant pour le commerce*, rétroagir, de
façon à les anéantir, contre les règles qu'il a définies ailleurs avec tant
de sollicitude ?

Est-il admissible qu'il ait voulu prêter un texte donnant lieu à une
telle interprétation, qu'un fabricant quelconque, qui est en même
temps fabricant pour le commerce, puisse, dans certains cas, se trouver à la merci de l'administration pour la cotisation de son impôt ?

Qu'une position telle puisse lui être faite, qu'il n'y ait plus pour
lui aucune garantie légale pour l'assiette des droits qui lui seraient

réclamés ?... C'est-à-dire que ce texte de loi puisse, par suite d'une fausse interprétation , servir de piège , de marche-pied , pour mettre hors la loi un ou plusieurs contribuables ?

Que le droit de réclamation des contribuables, que la loi proclame , puisse n'être plus qu'un vain mot , ne pouvant avoir aucune conséquence pratique ?

Non ! trois fois non ! hâtons-nous de le dire, non !

Le législateur, dans ce paragraphe ajouté au tableau C, au titre *Fabricant pour le commerce*, n'a pas voulu se contredire ;

Il n'a pas voulu rétroagir contre les règles du tableau A : il a voulu au contraire les compléter s'il y avait lieu ; combler des lacunes, des omissions possibles ; il n'a pas voulu détruire son œuvre mais la rendre parfaite ; c'est de sa part une dernière précaution, une dernière mesure de prévoyance pour la plus équitable assiette de l'impôt des patentes.

Et, pour ce qui a rapport au fabricant de dentelles , l'administration, en le faisant passer du tableau A au tableau C , doit, pour ne pas contrevenir à la lettre et à l'esprit de la loi, lui conserver les degrés d'importance générale et d'importance relative , et partant des degrés analogues de cotisation de ses contributions selon que la loi elle-même les a définis ou sous-entendus. — En d'autres termes, si l'administration, n'établissant plus le droit fixe, eu égard à la population d'après le tableau A, prend pour base de cotisation le nombre d'ouvrières , il faudra que cette matière imposable donne prise à des résultats de cotisation conformes à ceux que la loi exige. La loi veut que le fabricant de dentelles, comme tous les autres contribuables , soit imposé en raison de ses facultés; de plus elle a divisé son industrie en plusieurs classes : il faut que l'administration se conforme à ces prescriptions absolues.

Ici s'arrête notre exposé de la question. Il nous appartiendra maintenant d'en chercher la solution en droit et en équité.

SECONDE PARTIE

DISCUSSION

La thèse générale que nous avons à discuter est celle-ci :

Dans la loi des patentes de 1838, l'addition faite au tableau C est-elle applicable à la fabrique de dentelles, et, par suite, cette industrie peut-elle passer du tableau A au tableau C ?

Résoudre cette thèse dans le sens négatif, c'est démontrer que l'administration a mal interprété une partie du texte de la loi, la partie relative au tableau C , et partant que la fabrique de dentelles n'est justiciable que des règles du tableau A, où le législateur l'a nominalement classée.

S'il s'agissait seulement , pour obtenir le gain d'une cause, ou tout au moins pour bien la défendre, d'avoir une forte foi dans sa bonté, nous sommes assurément de ceux qui pourraient le plus venir en aide à celle-ci, la nôtre étant profonde, inébranlable.

Mais nous avons à faire à un adversaire si puissant que cette considération nous fait quelquefois douter des choses les plus réelles. Cependant nous allons mettre la main à l'œuvre avec le plus grand courage et nous espérons que la vérité jaillira pure et claire de notre argumentation.

Cette argumentation consistera surtout à démontrer les impossibilités légales, morales et pratiques de l'application des règles du tableau C à la fabrique de dentelles, ce que nous ferons avec l'ordre qui nous paraîtra le plus logique.

Nous divisons cette partie essentielle de notre travail en quatre sections : la première comprendra les preuves que nous tirons de la loi même ; la deuxième les preuves que nous tirons de la fâcheuse application des règles du tableau C par l'administration ; la troisième sera l'histoire et l'analyse du procès pendant ; la quatrième enfin sera notre conclusion.

SECTION PREMIÈRE

PREUVES TIRÉES DE LA LOI

§ 1er.

ARGUMENT FONDAMENTAL : *La matière imposable dans la fabrique de dentelles échappe aux règles du tableau C.*

Pour toute cotisation d'impôt, il faut, comme nous l'avons vu, une base de cotisation, une matière imposable déterminée à laquelle on applique des règles déterminées.

Ici l'addition faite au tableau C nous donne bien les règles à suivre, le tarif à appliquer à la matière imposable ; mais avons-nous cette matière imposable prévue par les règles du tableau C, nécessaire, indispensable pour leur application ? *That is the question.*

L'addition invoquée du tableau C, sur laquelle nous n'avons pas à revenir, suppose les cas où le fabricant pour le commerce a plus de 10 ouvriers, c'est-à-dire 11 au minimum, et où il en a des nombres supérieurs jusqu'au nombre maximum de 105. La matière imposable s'arrête à ce chiffre de 105 ouvriers, et lorsque ce cas se présente, la cotisation du droit fixe s'établit ainsi :

Pour les 10 premiers ouvriers . . . . **15** fr.

Pour les 95 autres, à 3 fr **285**

Nombre maximum des ouvriers , **105** Correspondant au maximum du droit fixe **300** fr.

Le fabricant de dentelles se trouve-t-il dans le cas nécessaire prévu par ces dispositions du tableau C ? A-t-il un nombre d'ouvrières compris entre 10 et 105 ? Sa matière imposable se trouve-t-elle déterminée ? Offre-t-elle prise aux règles du tableau C?

Non ! nous avons le regret de le dire , mais l'administration a mis de côté les conditions essentielles énoncées dans l'article ajouté au tableau C et dans l'ensemble de la loi de 1858, pour n'en retenir que les dispositions les plus fiscales, qu'elle a alors appliquées à une matière imposable déterminée dans son imagination seulement.

C'est un fait rare , exceptionnel , qui n'a peut-être pas son pareil dans l'industrie , mais qui est , que nous proclamons hautement sans crainte d'être démenti, c'est que le fabricant de dentelles, dans ce pays, emploie généralement et quelle que soit l'importance de son industrie en particulier , *plus de* 105 *ouvrières*. Il échappe par excès de matière imposable moyenne aux conditions stipulées par le législateur au tableau C, où il fixe 105 ouvriers comme *maximum* d'importance qu'il conçoit envers le fabricant pour le commerce, tandis que ce maximum du législateur ne peut même pas indiquer en réalité un *minimum* d'importance envers le fabricant de dentelles.

Cela doit surprendre d'abord. Aussi nous allons rendre parfaitement compréhensible par des données diverses, et en nous appuyant surtout sur la statistique, ce fait, qu'un nombre de 105 ouvrières ne peut raisonnablement représenter une fabrique d'une importance même très-minime.

1° *L'ouvrier*. — Le législateur n'a donné aucune définition de l'ouvrier qui lui sert à cotiser l'impôt dans les règles du tableau C ; il n'exige pas, pour sa validité comme base de cotisation, d'importance morale, physique ou industrielle. Le législateur prend l'ouvrier tel qu'il le trouve, et tout ouvrier lui est bon ; et dans l'industrie qu'il frappe des règles du tableau C, il ne tient compte que du nombre des ouvriers travaillant pendant une année une durée convenable d'heures par jour, sans se préoccuper autrement du rôle plus ou moins important que joue personnellement chacun de ces ouvriers dans cette industrie. Il est bien entendu que nous ne parlons ici, en toute prévision d'erreur, que de l'addition faite au tableau C, à l'article *Fabricant pour le commerce,* bien que nous croyions à la portée générale de notre interprétation.

Pour la fabrique de dentelles, lorsqu'il sera question de lui appliquer ces règles du tableau C, il est constant aussi qu'on ne devra se préoccuper que du nombre des ouvrières journellement et annuellement employées par le fabricant, et qu'on ne sera jamais admis à arguer qu'une ouvrière en dentelles dans ces conditions n'est pas une ouvrière dans le sens de la loi.

Maintenant pour nous aider à comprendre comment un certain nombre d'ouvrières atteignant par exemple le chiffre de 105, ne représente pas une grande fabrique, nous allons examiner ce que c'est que l'ouvrière en dentelles, industriellement parlant.

2° *L'ouvrière en dentelles.* — L'ouvrière en dentelles confectionne, moyennant un prix convenu, la dentelle avec les fils et les dessins que lui remet le fabricant avec qui elle est en rapport. C'est la femme depuis l'âge le plus tendre jusqu'à l'âge le plus avancé, répandue dans le département de la Haute-Loire et partie des départements voisins, et se donnant tout entière à ce travail délicat qui est quelquefois son seul pain dans ces régions peu remuées par l'industrie.

L'ouvrière en dentelles peut se faire un salaire variant de **20** centimes à **75** centimes par jour. Dans beaucoup de contrées elle est contente quand elle peut gagner 3 à 4 centimes à l'heure ; rarement elle arrive à gagner 5 centimes.

Dans certaines zônes, surtout les pays de montagnes, où l'ouvrière est moins adroite et où l'on fabrique particulièrement la dentelle de laine, elle a quelquefois beaucoup de peine à confectionner dans un jour 5 ou 6 mètres de cette dentelle, qui lui est payée quelquefois à raison de moins de 5 centimes le mètre. Ces ouvrières seraient à plaindre si, d'un autre côté, leur pays, qui se distingue par l'élève du bétail et les gras et vastes pâturages, au moyen desquels le laitage est à bon marché, ne leur fournissait sur place des ressources précieuses. Mais pour ne pas nous égarer de notre point de vue, calculons, en passant, le chiffre de production annuelle d'une fabrique composés de 105 de ces ouvrières, gagnant au plus vingt à vingt-cinq centimes.

Dans d'autres cantons, moins privilégiés peut-être au point de vue du sol, mais plus recherchés par l'industrie des dentelles, et où se fabrique surtout l'article dit guipure, les ouvrières se font un salaire beaucoup plus élevé ; quelques-unes même, remarquables par leur adresse, et appréciées pour certains ouvrages fins arrivent par intervalles à gagner jusqu'à 1 franc par jour et même quelquefois plus. Cela cependant n'a jamais lieu que dans la confection d'articles riches et exceptionnels, dont la mise en fabrique est toujours fort restreinte. Du reste la masse des ouvrières, même dans ces pays industriellement privilégiés, n'arrive jamais à gagner 5 centimes à l'heure, soit 60 centimes pour la journée de 12 heures.

L'ouvrière en dentelles est assidue à son travail et très-active. En été vous la voyez à l'œuvre au soleil levant ; et, pendant toute la période des jours courts et moyens, elle ne quitte généralement son métier qu'à minuit pour le reprendre au lever du jour, travaillant ainsi de 16 à 17 heures par jour.

En tenant compte de ce surcroît d'heures de travail journalier et en prenant la journée de 12 heures pour base, le chômage accidentel de quelques ouvrières en été est plus que compensé ; et lorsque un fabricant possède, par exemple, 500 ouvrières, il peut compter que, nonobstant le chômage de quelques-unes, il reçoit un chiffre de production supérieur à celui que fourniraient ces 500 ouvrières travaillant 12 heures par jour, même pendant la période d'été, qui est la seule où il y ait des chômages.

3° *Importance de production de l'ouvrière en dentelles.* — Dans la fabrique de dentelles, contrairement à beaucoup d'autres industries, le prix de la main-d'œuvre fait presque tout le prix de la marchandise. Quoique la soie qui sert à confectionner la dentelle soit une matière bien précieuse, le prix de façon donné à l'ouvrière entre toujours dans le prix d'une dentelle de soie pour au moins *quatre cinquièmes.* Dans les dentelles de fil de coton ou de lin, la proportion du prix de façon à la matière est encore plus forte et peut atteindre neuf dixièmes ; comme aussi elle est toujours bien plus faible dans les dentelles de laine où le prix de la matière peut quelquefois atteindre la moitié ou les deux tiers du prix de façon. En somme, on peut dire que c'est le prix de façon qui fait essentiellement, dans la fabrique de dentelles, le prix de la marchandise ; et c'est, par conséquent, sur ce prix de façon qu'on peut calculer l'importance des affaires et des bénéfices du fabricant.

Cela admis, que le prix de façon fait essentiellement le prix de la marchandise, il résulte que, pour qu'un fabricant de dentelles soit un industriel d'une certaine importance, il faut qu'il occupe un nombre considérable d'ouvrières, attendu, d'ailleurs, que chaque ouvrière ne peut produire annuellement qu'un chiffre très-restreint de marchandise.

Ici, il ne s'agit pas, en effet, pour avoir de la marchandise à vendre et faire un chiffre raisonnable d'affaires au moyen de cette marchandise, de commander à des métiers à vapeur ou à des machines puissantes ou ingénieuses, d'où la mécanique moderne a presque totalement écarté la main trop faible de l'ouvrier. Non ! il faut se contenter de commander à des ouvrières qui n'ont pas d'autres outils que leurs doigts... en prendre beaucoup, et commencer encore longtemps à l'avance pour avoir assez tôt des produits à vendre dans la saison convenable.

On peut donc dire que, pour calculer l'importance d'une fabrique en général, il suffit de se baser sur les prix de façon, ou, en d'autres termes, sur les salaires donnés aux ouvrières.

Nous avons dit que l'ouvrière en dentelles pouvait gagner de 20 centimes à 75 centimes par jour. Sur une donnée aussi large, il est difficile d'établir une moyenne de gain. Cependant, comme les ouvrières qui gagnent dans les environs du plus bas chiffre sont de beaucoup plus nombreuses que celles qui approchent du chiffre le plus élevé, nous estimons qu'en établissant cette moyenne à 40 centimes par jour, nous dépassons la réalité. L'expérience, en effet, prouve que la moyenne prise sur un très-grand nombre d'ouvrières, ressort à un chiffre moins élevé, même dans les régions les plus favorisées.

Admettons néanmoins 40 centimes, et calculons le produit annuel de 105 ouvrières, nombre édicté par le législateur pour traduire, à son point de vue, le fabricant pour le commerce revêtant le caractère d'importance le plus élevé, celui à qui il applique le droit fixe maximum de 500 francs.

105 ouvrières à 40 centimes nous donnent un produit journalier de 42 francs, et annuel, pour 300 jours, de 12,600 francs.

Un nombre d'ouvrières dix fois plus grand, soit 1,050, devrait donner un produit décuple; soit 126,000 francs de prix de façon. Nous faisons ce dernier rapprochement pour corroborer notre témoignage de celui des fabricants qui occupent environ 1,050 ouvrières, qui doivent reconnaître que notre prix moyen de 40 centimes par jour est exagéré, et que, avec 1,050 ouvrières, au lieu de distribuer 126 mille francs de façon, on n'arrive guère qu'aux deux tiers ou aux trois quarts de ce chiffre.

Admettons cependant 12,600 francs de production annuelle donnée par 105 ouvrières ; peut-on prétendre raisonnablement que ce chiffre de production puisse mériter à son auteur la qualité de fabricant pour le commerce, revêtant les caractères de la plus grande importance possible, devant laquelle se soit arrêtée l'imagination du législateur, dans une règle exceptionnelle où il a voulu atteindre les industriels envers lesquels la règle normale ne produisait pas un taux de droit fixe conforme à leur importance?

Mais personne n'oserait articuler en bons termes une pareille prétention! Mais le plus petit fabricant de dentelles doit avoir l'orgueil d'aspirer à ce chiffre de production de 12,600 francs, qui traduirait cependant le type le plus élevé de fabricant de dentelles envisagé par le législateur!

4° *Nombre des ouvrières en dentelles.* — Le nombre des ouvrières en dentelles est incalculable. Il comprend dans notre département, en général, toutes les personnes du sexe féminin, depuis l'âge le plus tendre jusqu'à l'âge le plus avancé.

La population du département est d'environ 300 mille habitants, ou, si l'on veut le chiffre officiel, 296,756. Le sexe féminin y domine de beaucoup en nombre et pour plusieurs raisons : d'abord, à cause des pertes d'hommes produites par le recrutement, mais surtout à cause de celles produites par l'émigration. Dans beaucoup de localités, presque tous les jeunes gens, arrivés à l'âge de 16 à 18 ans, partent pour *la marre*, comme ils disent, et s'emploient comme terrassiers, dans les villes ou dans les chantiers de chemins de fer. Aussi dans certaines communes, le rapport du sexe féminin au sexe masculin paraît être d'un quart ou d'un tiers plus fort, et on y remarque, en effet, beaucoup de vieilles filles, tandis qu'il est rare d'y rencontrer un homme célibataire. — Calculez maintenant sur une population totale de 500,000 âmes.

Quelques parties cependant du département, peu importantes, car il nous serait difficile de les dénombrer, quoique nous en connaissions assez le territoire, ne sont pas exploitées par la fabrique de dentelles. En revanche, les quatre départements circonvoisins, Lozère, Ardèche, Loire et Puy-de-Dôme nous dédommagent amplement. Le Puy-de-Dôme surtout ne nous fournit pas, croyons-nous, moins de 20 à 25 mille ouvrières; la fabrique s'y étend jusqu'aux portes d'Ambert et ne s'arrête qu'à quatre ou cinq lieues en avant d'Issoire. Le canton d'Arlanc paraît y être aussi important en nombre et en qualité d'ouvrières que n'importe quel canton de la Haute-Loire.

En somme, nous n'évaluons pas le nombre total des ouvrières de la fabrique de ce pays à moins de 450 mille et le nombre de fabricants de tous lieux qui l'exploitent, à moins de 500. Peut-être exagérons-nous de deux ou trois dizaines de mille pour les ouvrières et exagérons-nous aussi en trop pour le nombre des fabricants. Cela peut être, parce que nous n'avons pas en notre pouvoir des documents ou des moyens sévères de vérification pour venir à l'appui de notre appréciation ; mais en admettant quelque exagération dans ces nombres, que nous donnons de bonne foi, comme le résultat de nos recherches, du moment que l'exagération dans le même sens est admissible pour les deux nombres à la fois, le rapport entre eux n'en ressortira pas moins toujours formidable. D'après nos chiffres, ce rapport serait comme 435 est à 1, c'est-à-dire qu'il reviendrait en moyenne 455 ouvrières à chaque fabricant.

Ainsi, d'après la statisque, la moyenne de la matière imposable représentée par le nombre des ouvrières serait *quadruple* de ce qu'il faut qu'elle soit pour donner lieu au droit fixe maximum de 300 francs, édicté par le législateur envers le fabricant pour le commerce occupant 105 ouvriers : ce n'est rien moins qu'exorbitant ! La matière imposable, dans l'espèce, échappe donc aux règles du tableau C, et il faut revenir à d'autres bases de cotisation et à d'autres règles.

§ 2.

Les règles du tableau C, applicables à des industries du tableau A, ne le sont que tout autant que ces industries, dans le tableau A, ne pourraient pas y être tarifiées conformément à leur importance, d'après les règles mêmes du tableau A. — Tel n'est pas le cas pour la fabrique de dentelles.

Ouvrons l'instruction générale sur les patentes et portons-nous au paragraphe 8, qui explique les cas où un patentable peut passer d'un tableau dans un autre, soit du tableau A au tableau C ; nous lisons :

« Depuis quelque temps des professions *rangées pour la plupart dans
» les classes inférieures des tarifs*, ont pris sur certains points de si
» grands développements, que l'infériorité des patentes qui leur étaient

» assignées *était devenue choquante* et donnait lieu à des réclamations
» contre l'insuffisance ou l'imperfection des tarifs. On citera pour
» exemple les professions de fabricant d'allumettes, fabricant de cas-
» quettes, fabricant de chaussures , fabricant de brosses, gantiers,
» chamoiseurs, mégissiers, etc. Les dispositions du nouvel article, *Fa-*
» *bricant*, feront cesser ces réclamations , car elles permettent d'assi-
» gner aux patentables *qui se trouvent dans les conditions exception-*
» *nelles ci-dessus indiquées* , des taxes en rapport avec l'importance
» de leur industrie... »

L'Instruction générale est explicite comme on le voit. Les dispositions du nouvel article *Fabricant*, ajoutées au tableau C , ne sont applicables qu'à des industries tarifiées d'une manière exceptionnellement
inférieure eu égard à leur importance. Nous voyons bien là , en effet ,
apparaître en plein jour la pensée équitable qui a été le mobile du législateur dans l'addition faite au tableau C ; nous comprenons bien, en
suivant les exemples cités par l'instruction générale , que le tarif de
sixième classe du tableau A , appliqué au fabricant d'allumettes, devenait , en effet , choquant par son insuffisance, si ce fabricant d'allumettes venait à fonder une fabrique où il occupe 30, 40, 60, 80, 100
ouvriers, plus ou moins ; où il pouvait devenir alors, par ce fait, un industriel de première importance ; et nous reconnaissons très-bien que
le droit fixe de sixième classe, attribué à son industrie dans le tableau
A, devenait ridicule. Et ce que nous disons du fabricant d'allumettes
apparaît avec la même force pour les autres industries citées par l'instruction et qui, dans leur désignation nominale au tableau A, figurent
en effet aux plus basses classes.

Mais nous le demandons humblement : est-ce le cas du fabricant de
dentelles qui est désigné à la première , deuxième et quatrième classe
du tableau A ; c'est-à-dire dans les classes les plus élevées, correspon-

2

dantes à celles des industries, commerces et professions les plus importants qui soient?... A qui l'administration peut-elle vouloir imposer
la croyance que la fabrique de dentelles, inscrite par le législateur dans
ces premières classes, soit une profession dont l'importance trop élevée choque avec l'exiguité des tarifs de ces classes?.. dont l'importance
relative choque, par conséquent, par sa supériorité avec celle du marchand de dentelles, de blondes, de cachemires de l'Inde, de châles, de
bronzes, de diamants, de bijoux et pierres fines, de rubans, de soies,
de tissus, de denrées coloniales, de vins, de cuirs, de cristaux, de
porcelaines, de merceries, de métaux, etc., toutes professions inscrites
dans les premières classes du tableau A, et pour lesquelles on trouve
suffisants les tarifs de ces classes !

Mais analysons donc un peu cette importance prétendue *exceptionnelle, hors ligne,* de la profession de fabricant de dentelles.

1° *Le fabricant de dentelles.* Nous sommes loin de vouloir rabaisser le
titre de fabricant de dentelles et la considération qu'il mérite. Le fabricant de dentelles qui a l'intuition, l'entendement de sa profession
est presque un artiste, parce que cette industrie tient, en effet, de l'art
par le dessin, et un grand nombre de ses produits ont maintes fois excité
et excitent encore l'admiration dans le monde, surtout dans le monde
des femmes, qui n'est pas le moins compétent quand il s'agit de porter
un jugement sur les articles de luxe et de goût.

Nous pourrions ici faire l'éloge de cet industriel sous bien d'autres
rapports, mais ce n'est pas là le but que nous devons actuellement pour-
suivre, et nous n'avons à envisager que le fabricant de dentelles considéré au point de vue commercial, industriel ; considéré dans la masse
du commerce en général, et pris aussi dans la masse de sa corporation.
En un mot nous avons à définir surtout le fabricant de dentelles dans son
importance eu égard à sa qualité de contribuable.

Le département de la Haute-Loire ne passe pas , et avec raison, pour un département très-industriel ni très-riche. Il ne brille ni par ses manufactures ni par ses usines, ni par ses travaux. La plupart de ses enfants, nous l'avons dit tantôt , sont obligés d'émigrer au dehors pour trouver de l'emploi sinon du pain.

Fort heureusement pour lui , ce pays possède une industrie précieuse qui excite avec raison l'envie de bien d'autres pays, même mieux partagés sous d'autres rapports, et cette industrie précieuse c'est *la fabrique de dentelles*, devant laquelle nous nous découvrons comme devant un bienfait de Dieu.

Si cette industrie ne donne pas du travail aux hommes, elle en fournit aux femmes et à toutes, autant qu'il peut y en avoir et sans aucun déplacement pour elles. Une masse considérable, énorme, d'argent est importée du dehors en retour et comme l'équivalent de ce travail si universel ; et la fabrique de dentelles, tout en procurant le nécessaire sinon le bien-être et la fortune à tous ses intéressés , vivifie aussi tous les autres commerces du pays, dont la plupart seraient bien médiocres sans elle : car beaucoup prospèrent selon sa prospérité ou languissent selon son affaissement.

Mais aussi qu'arrive-t-il pour les fabricants de dentelles eux-mêmes ? Il arrive ce qui arrive toujours et partout , dans une position analogue : là où il n'y a qu'une seule industrie tout le monde s'y jette ; et la fabrique de dentelles du Puy est remarquable par le grand nombre de ceux qui y cherchent une position et en font leur champ de bataille.

Si ce fait est loin de mériter nos regrets au point de vue social , attendu qu'il a pour conséquence forcée une bonne tenue ou même une élévation dans le salaire de l'ouvrière, il n'en est pas moins vicieux en égard aux intérêts du fabricant considéré isolément, et la loi doit tenir compte de cet élément, exclusif de prospérité et d'importance , dans la cotisation de son impôt.

Ainsi nous pouvons avancer sans qu'on puisse nous démentir raisonnablement, que le fabricant de dentelles, pris dans la masse, est, com-
mercialement parlant, un petit industriel. Quand nous évaluons le
nombre des fabricants à 300, et pour cela nous avons consulté des personnes que nous croyons compétentes à cause de l'étendue de leurs
achats et partant de leur connaissance des fabricants, nous ne pensons
pas exagérer, et nous ne déclinons pas que ce nombre ne devienne encore plus considérable dans un temps donné.

Hé bien ! pour revenir à notre question, pense-t-on que si ces 300
fabricants de dentelles étaient tout aussi bien 300 fabricants de bronzes ou de bijoux ou de diamants ou de draps ou de cachemires ou de
rubans, notre pays ne passerait pas à juste titre pour un pays beaucoup plus riche et plus industriel ? que, contrairement à ce qui a lieu,
il ne jouirait pas d'une colossale réputation de richesse au dehors ?
Assurément !

Mais malheureusement le nom ne fait pas la chose, et si, d'un côté,
il y a quelques fabricants de dentelles qui se distinguent par leur nota-
bilité, l'importance de leurs affaires, leur fortune, d'un autre côté, il y
en a aussi de bien modestes, et nous en connaissons dont la vie est
aussi rude que celle du facteur rural. .

Le fabricant de dentelles, en effet, commence souvent avec un très-
petit capital et c'est quelquefois heureux quand il peut le conserver,
parce qu'il est toujours exposé à des chances assez fâcheuses. Nous
avons, en ce moment, un fabricant de notre connaissance qui orga-
nise une fabrique avec un capital inférieur à 3,000 francs : combien
y en a-t-il parmi les fabricants actuels qui ont mis à ce jeu capri-
cieux des économies moins rondes que celles-là !

C'est pourquoi, à l'exception de quelques notabilités que nous avons
réservées, et qui, pour la plupart, joignent la qualité de marchand
à celle de fabricant, on peut dire que la masse des fabricants de

dentelles n'est pas riche. Il y a des localités comme le Monastier, Saint-Julien-Chapteuil, où vous trouverez des quinze fabricants à la fois et où il vous sera difficile d'en signaler un seul qu'on puisse seulement appeler modestement riche, c'est-à-dire ayant une fortune de 20 à 50 mille francs. Si sur trente fabricants de dentelles pris ainsi au hasard, dans la masse, vous trouvez difficilement une fortune de 20 à 50 mille fr., comment peut-on prétendre que le fabricant de dentelles, en général, soit un industriel d'une importance *exceptionnelle, hors ligne,* qui se trouve déplacé, quant au tarif, dans les premières classes du tableau A.

Aussi, puisque l'occasion s'en présente, nous ne craignons pas de briser ce prisme trompeur à travers lequel l'opinion générale, et de bonne foi, il faut bien le dire, ne veut voir dans les fabricants de dentelles que des heureux que la fortune traîne sur son char et qui jouissent en sécurité des faciles richesses qu'elle leur départit. Il y a malheureusement lieu de rappeler ici la fable des Bâtons flottants, et si nous faisons des réserves en faveur des notabilités, nous ne saurions en faire en faveur de la masse.

2° *Bénéfices du fabricant de dentelles.* — Madame George Sand est une femme et de plus un grand écrivain. A ce double titre, nous lui demandons pardon d'avoir à la contredire. Voici, en effet, un passage qui a rapport à la fabrique de dentelles, puisé dans le *Marquis de Villemer,* et que nous donnons comme curieux échantillon des énormités qu'on peut laisser échapper, lorsqu'on voit les choses commerciales avec trop de poésie, où qu'on se rapporte au récit de quelque commère mécontente :

« .... Pourtant les femmes d'ici sont laborieuses. L'art de la
» dentelle est enseigné par la mère à sa fille. Aussitôt que l'enfant
» commence à babiller, on lui met une grosse pelote de corne sur

» les genoux et des paquets de bobines entre les doigts. A l'âge
» de quinze ou seize ans elle sait faire les plus merveilleux ouvrages,
» ou elle est réputée idiote et indigne du pain qu'elle mange; mais
» dans l'exercice de cet art délicat et charmant, si bien approprié
» à l'adresse patiente de la femme, une autre *tyrannie* que celle
» du clergé pèse sur la velaisienne : c'est celle du commerçant qui
» l'exploite. Comme toutes les paysannes du Velay et d'une grande
» partie de l'Auvergne savent faire ces ouvrages, elles subissent toutes
» également la loi du bon marché, et on est effrayé de l'exiguité
» sordide du salaire. Là, le commerçant ne gagne pas sur le pro-
» ducteur cent pour cent, ce qui est, selon le premier, *la loi et la*
» *nécessité du commerce;* il gagne *cinq fois cent pour cent.* Il est vrai
» que les marchands sont punis souvent par où ils pèchent, et qu'en
» se faisant trop de concurrence, ils se paralysent, comme les
» paysannes ont paralysé leur travail en faisant toutes le même travail.
» Ceci est la loi et le châtiment du commerce. »

A la bonne heure! nous aimons les lois du commerce définies par
madame George Sand !!..— Nous retiendrons cependant son témoignage
sur la tendre enfance à laquelle les jeunes filles commencent à tra-
vailler, sur leur salaire peu élevé, sinon sordide, et enfin sur l'uni-
versalité des femmes fabriquant la dentelle.

Nous posons, nous, en principe, que les fabricants de dentelles
qui travaillent dans les meilleures conditions de toutes sortes, doivent
être fort contents quand ils peuvent réaliser dix pour cent de bénéfices
nets sur la masse de leurs affaires... Fort contents, oui! et assurément un petit nombre atteint ce résultat.

Prenez les plus anciens fabricants du Puy, les plus riches actuellement, ceux qui ont été les plus heureux. Faites la somme totale
de leurs affaires, pendant toute la période de leur commerce; prenez

dix pour cent sur cette somme énorme, et ajoutez à ces dix pour
cent l'intérêt commercial de six pour cent l'an dont il est juste de
tenir compte dans l'augmentation du capital (1), nous sommes
assuré de trouver toujours une somme plus forte que leur fortune
acquise.

Cela ressort à première vue. Nous n'avons pas un seul millionnaire
dans les fabricants ou les marchands de dentelles. Tout au plus si nous
trouvons parmi eux quelques rares fortunes de deux ou trois cent mille
francs. Et ces maisons, qui réunissent pour ainsi dire deux spécialités,
qui ont du capital et du crédit, qui ont pu profiter des moments de
crise, mortels pour d'autres maisons, et qui ont pu aussi tirer un plus
grand avantage des périodes de prospérité, combien d'années n'ont-
elles pas travaillé pour acquérir leur fortune? Quelle masse colossale
d'affaires n'ont-elles pas expédiée? — Et cependant, arrivées avec
plus de bonheur que d'autres, nous n'estimons pas qu'elles aient
réalisé un bénéfice net de dix pour cent.

Mais quittons les notabilités et envisageons les fabricants ordinaires,
ceux qui sont répandus un peu partout dans la fabrique, ceux qui
en sont les véritables pionniers. Nous ne voulons pas les humilier ;
mais nous sommes obligé de dire que la plupart sont des industriels
peu importants, expédiant un chiffre d'affaires assez considérable,
mais réalisant en somme peu de bénéfice. Nous en voyons qui viennent offrir leur marchandise chez les marchands et se font toutes

---

(1) Contrairement encore à l'opinion générale, nous avançons ici que, comme
tout autre capitaliste ou rentier de province, le marchand ou le fabricant de
dentelles, même arrivé à une certaine fortune, ne perd pas, pour cela ses
habitudes d'économie, et que, pendant ou après l'exercice de son commerce,
il voit sa fortune s'accroître par l'accumulation seule de l'intérêt ou du revenu
dont il ne dépense pas la quotité.

les années assez régulièrement exécuter comme les spéculateurs de
bourse qui ne peuvent couvrir leurs différences; perdant ainsi dans
une saison ce qu'ils ont pu gagner dans la précédente, et paraissant
condamnés au supplice mythologique de remplir éternellement le
tonneau sans fond des Danaïdes. Ceci est un fait constant, notoire
sur la place du Puy, qu'à certaines époques de l'année où la vente
est calme, la marchandise est offerte à vil prix par des fabricants,
faute par eux de pouvoir attendre la bonne saison : hé bien ! pense-t-on
que ces fabricants, qui, presque toujours ont largement subventionné
l'ouvrière, gagnent les cinq cents pour cent imaginés par madame
George Sand, et méritent l'épithète de tyran qu'elle leur a décochée?
Non ! assurément, et si nous voulons bien admettre dix pour cent
de bénéfices nets pour les maisons qui travaillent sagement, nous
ne nous permettrons jamais le même laisser-aller envers les fabricants qui font un commerce aussi peu solide que celui que nous
venons de signaler.

Nous espérons qu'il restera admis que les bénéfices du fabricant
de dentelles ne sont pas exceptionnels, mais qu'ils subissent la loi
commune du commerce qui les élève à huit ou dix pour cent,
pour les industries aussi chanceuses que la sienne.

3° *Le fabricant de dentelles, en général, inférieur comme importance au marchand.* — Avant la loi de 1858, le fabricant de dentelles qui n'était pas dénommé dans les tableaux du législateur, était
ou assimilé au marchand ou considéré comme d'une classe inférieure
à la sienne. Nous voyons, en effet, en 1853 ou 1854, des fabricants de Caen, patentés comme marchands, pétitionner pour obtenir
de ne pas être imposés comme marchands, mais seulement comme
fabricants. Toujours est-il que le législateur de 1858, en élevant
le fabricant de dentelles au rang du marchand de dentelles, dans

les premières classes du tableau A, a déjà fait faire un pas considérable aux règles du passé.

Mais l'administration, parait-il, a jugé que le législateur n'avait pas assez fait en élevant le fabricant au rang du marchand, et elle prétend lui attribuer elle-même une importance plus de quatre fois et demie plus grande ; car nous avons vu que le tarif appliqué par l'administration au fabricant, en vertu des règles du tableau C, ressort, comparé au tarif du marchand, comme 4,60 est à 1.

Qui aura raison de ces trois juges : le législateur antérieur à 1858, ou le législateur de 1858, ou l'administration. Nous serions assez porté à nous prononcer en faveur du législateur antérieur à 1858 exclusivement ; mais nous avouons cependant notre pensée, en vertu de laquelle nous trouvons que le législateur de 1858 a sagement agi en assimilant complètement, en estimant de même importance deux professions si intimement liées ensemble, qui paraissent tellement équivalentes, le fabricant et le marchand de dentelles. C'est pourquoi, si nous trouvons très-exagérée la prétention administrative, nous adhérons entièrement à la décision du législateur de 1858, alors même que le fabricant revêt, en général, une importance inférieure à celle du marchand.

Qu'est le marchand de dentelles en effet ? — L'acheteur du fabricant, quelquefois son capitaliste, son bailleur de fonds.

Voyez-vous quelquefois, en passant dans la rue, une grosse dame assise derrière un comptoir, marchandant et achetant les dentelles qu'on vient, surtout les jours de marché, présenter à son choix, et, pendant les intervalles, prenant ses aises sur son fauteuil ? — C'est le type de la marchande de dentelles ; car, dans ce bienheureux pays, les maris ont l'avantage d'avoir des femmes qui s'occupent beaucoup de leurs affaires commerciales.

Voyez-vous maintenant cette autre femme, habillée ordinairement

6

en paysanne, traînant péniblement deux ou trois boîtes de bois et venant en offrir le contenu à la grosse marchande que nous venons de vous signaler assise ?— C'est le type qui vous représente le fabricant de dentelles de la campagne , celui qui est le plus exclusivement fabricant ; car ceux de la ville sont aussi, pour la plupart, des marchands.

Ainsi, vus de haut, à qui de ces deux types, le marchand et le fabricant , pensez-vous tout d'abord devoir attribuer le beau rôle ? attribuer le commerce le plus important, le plus aisé, le plus lucratif ?...

Le marchand est le vrai capitaliste : il emmagasine la marchandise et attend le moment favorable pour ne la vendre qu'avec un gain sûr. S'il ne trouve pas à l'écouler assez avantageusement sur sa banque, il l'envoie à *condition* ou à *choix* aux maisons étrangères qui ne refusent pas un tel avantage et qui lui font compte de ses articles à mesure qu'ils sont choisis ou vendus. Rien que ce mode d'opérer indique des ressources sérieuses en capital.

De plus, quand les affaires sont languissantes, le marchand suspend ses achats ou n'achète qu'à des conditions exceptionnelles de bon marché. Le fabricant, au contraire, est obligé de recevoir de l'ouvrière ce qu'il a mis en fabrique, d'accumuler quand même des marchandises , et, s'il ne peut attendre l'époque favorable à la vente , de les céder à vil prix au marchand. Toutes les années ces époques critiques se reproduisent et toutes les années les mêmes exécutions se répètent : on pourrait presque en dresser le calendrier (1).

_____

(1) Au moment où nous écrivons ces lignes, cette baisse périodique de la marchandise se fait déjà sentir sur la place du Puy, pour l'article le plus universellement fabriqué, la *guipure ordinaire*. Cet article a subi depuis quelques jours une dépréciation que nous ne pouvons évaluer à moins de 20 à 25 pour 0/0. et tout nous fait craindre que cette dépréciation, si précoce cette année, ne s'arrêtera pas là et que beaucoup de fabricants seront encore victimes de la fausseté de leur situation dans cette industrie, si belle mais si capricieuse.

Jugez maintenant de bonne foi quelle est la position commerciale matériellement la plus belle, la plus importante! Décidez s'il n'est pas injuste de vouloir frapper d'un droit fixe maximum de 500 francs le fabricant de dentelles, tandis que le marchand de dentelles ne peut être frappé que d'un droit fixe maximum de 80 francs!

Si l'instruction générale sur les patentes recommande d'appliquer quelquefois les règles du tableau C ajoutées à la profession fabricant pour le commerce, pour éviter une infériorité relative d'impôts choquante eu égard à l'importance de l'industrie, elle doit recommander non moins et à plus forte raison d'éviter d'opérer par des moyens hasardés une surélévation d'impôts encore plus choquante; car ce serait éviter un mal pour tomber dans un plus grand, dans un plus condamnable, dont on assume alors toute la responsabilité morale.

§ 5.

L'article 10 de la loi de 1858 n'est pas une stipulation de pure théorie ; il veut, comme le reste de la loi, son application.

Voici cet article :

« Dans les établissements à raison desquels le droit fixe de patente
» est réglé d'après le nombre des ouvriers, les individus au-dessous de
» seize ans et au-dessus de soixante-cinq ne seront comptés dans
» les éléments de cotisation que pour la moitié de leur nombre. »

Les fabricants de dentelles emploient assurément des femmes âgées, de plus de soixante-cinq ans et aussi de petites filles âgées de moins de seize ans : il y a donc lieu de faire l'application de cette disposition bienveillante du législateur.

Et cependant est-elle exécutable cette application de l'article 10, dans cette industrie où, en réalité, il n'y a pas de fabricants ayant des nombres d'ouvrières inférieurs ou intermédiaires au-dessous de 105 ? où le calcul par demi-unités pour les enfants et les vieillards n'a pas de portée, n'a pas de raison d'être ? Il faut bien reconnaître que, dans l'espèce, cette disposition législative n'a pas de sanction ; qu'elle frappe dans le vide alors qu'il y a incontestablement lieu de l'appliquer. .

Peut-on accepter cependant que cet article n'ait, dans la pensée du législateur, qu'un sens spéculatif ? qu'il puisse ne devoir aboutir à aucune conséquence pratique, dans un texte de loi où il tient une si large place ?

Evidemment non ! Et si vous vous trouvez dans l'impossibilité de lui donner une application pratique dans un cas particulier qui la demande, cas particulier qui n'est peut-être pas étranger à un seul des industriels dont vous avez à cotiser l'impôt, cela prouve clairement que vous vous êtes écarté du terrain défini par le législateur ; que vous n'avez plus les conditions nécessaires, légales, d'après lesquelles seules vous pouvez asseoir équitablement la contribution des patentes.

§ 4.

L'impôt .sur le fabricant de dentelles d'après les règles du tableau C, retombe en réalité sur les ouvrières : ce qui est contraire à l'esprit de la loi de 1858 et à la loi en général.

La loi de 1858 a exonéré de l'impôt 140,000 petits contribuables : est-il présumable que, par l'addition faite au tableau C, à l'article *Fabricant,* elle ait voulu en atteindre un nombre peut-être encore plus considérable, sous une forme différente et d'une façon plus ou moins virtuelle ? La question est délicate.

Le législateur a paru s'en être préoccupé et nous voyons que, pour
écarter cette éventualité, il exclut d'abord des règles du tableau C, à ce
même article *Fabricant*, et d'une manière implicite, par la distinction de
fabricant *pour le commerce*, le fabricant *pour la consommation*. D'autre
part, il exonère d'un demi-droit pour chacun, le fabricant pour le
commerce qui occupe des ouvriers ayant plus de 65 ans ou moins de
16 ans.

Le législateur, en frappant ainsi directement le travail producteur, a
dû craindre, en effet, que l'excès de l'impôt sur l'ouvrier ne fît réagir
le fabricant contre cet impôt et par suite contre l'ouvrier même, c'est-
à-dire contre son salaire. Et de fait, au lieu de 5 francs par ouvrier,
supposez 10 francs ou 20 francs, il y aura bien certainement réaction
de la part du fabricant contre cet impôt et contre l'ouvrier, et par
conséquent, lutte entre eux, au sujet de cet impôt.

Envers le vieillard et l'enfant, le législateur a donc compris que même
cet impôt de 5 francs pourrait les faire délaisser, à cause de sa lour-
deur, qui devient d'autant plus apparente que le travail de l'enfant ou
du vieillard est plus faible relativement au travail de l'homme dans la
force de l'âge : cette disposition ne peut s'expliquer autrement.

Envers l'ouvrier du fabricant pour la consommation, cet impôt pouvait aboutir à un renchérissement des objets de consommation, possibilité sur laquelle on doit toujours porter son examen avec la plus
sérieuse attention, ou à une diminution encore du salaire de l'ouvrier
et quelquefois peut-être à une défection de sa part, à une grève, toutes
choses qu'on ne peut entrevoir sans regret. En un mot, il appert pour
nous de l'examen attentif de cette addition faite au tableau C, que le législateur, en faisant des réserves, s'est fortement préoccupé de l'éventualité que nous signalons, qu'il a craint de créer un désordre quelconque
dans les rapports sociaux ou commerciaux établis.

Dans toute industrie où le travail de l'ouvrier n'est qu'un accessoire plus ou moins important, quant au prix de la marchandise, l'impôt sur l'ouvrier, quand il est d'ailleurs réduit à un chiffre minime, ne peut pas avoir une bien fâcheuse conséquence, ni porter atteinte d'une façon particulière à l'industrie même. Nous appellons industrie dont le travail ou le salaire de l'ouvrier n'est que l'accessoire, celle où un seul ouvrier représente une production telle que l'impôt payé sur sa tête ne peut affecter d'une manière sensible le prix de revient des produits que cet ouvrier représente. — Mais dans une industrie où le salaire de l'ouvrier est au contraire la chose principale, où la masse de production qu'un seul homme représente est limitée, on comprend la possibilité que l'impôt payé sur la tête de cet homme puisse affecter d'une manière à la fois apparente et réelle le prix de revient de son travail, que, par conséquent, cet impôt puisse altérer les rapports établis et produire une réaction sur son salaire.

Nous avons vu que dans la fabrique de dentelles le prix de fabrication était pour ainsi dire tout. Si ce prix de fabrication, ayant d'ailleurs ses limites raisonnables acquises, se trouve tout d'un coup surchargé d'une taxe qui peut l'affecter sensiblement, comme le droit fixe de 5 francs par ouvrière, aggravé des centimes additionnels qu'il comporte, c'est-à-dire un impôt total de 4 francs 50 centimes environ par ouvrière, il apparaît tout d'abord que le fabricant qui veut conserver la limite de ses affaires et sauvegarder ses bénéfices, doit de suite aviser à rentrer dans son prix normal de fabrication et par conséquent réagir contre le salaire de l'ouvrière.

Vous nous direz peut-être : pourquoi le fabricant n'augmente-t-il pas plutôt le prix de vente de sa marchandise? Nous vous répondrons : d'abord, comme vous l'a dit madame George Sand, la concurrence qu'il se fait à lui-même rend souvent la chose impossible ; ensuite, lorsque le cours d'une marchandise est établi envers un acheteur, il est difficile de l'élever sans s'exposer à manquer la vente et à éloigner, même pour l'avenir, cet acheteur. Aussi il faut absolument rétablir ici l'équilibre par le prix de revient ; c'est la seule voie ouverte.

Que le fabricant qui a un très-grand nombre d'ouvrières, ou celui qui a des commissions pressantes à remplir, n'ait pas besoin de faire immédiatement attention à cette accroissance de frais de production, il n'en est pas de même pour le fabricant qui n'aurait que le nombre strict ou à peu près de 105 ouvrières, peu important au point de vue du commerce, mais suffisant pour donner lieu à l'application du droit fixe maximum du tableau C. Pour celui-ci, le problème se présente grave, immédiat, menaçant.

Prenons, en effet, ce fabricant n'ayant réellement que 105 ouvrières, que produit-il et que gagne-t-il annuellement ?

Nous avons estimé le travail de l'ouvrière à 40 centimes par journée de 12 heures ; multiplions ce travail par 300 jours pour 105 ouvrières, nous avons pour produit annuel 12,600 francs.

Nous avons encore estimé théoriquement le bénéfice maximum possible à dix pour cent : cela nous donne 1,260 francs de bénéfice annuel pour ce fabricant.

Il payait auparavant, selon les localités qu'il habitait, un droit fixe, variable de 12 francs à 80 francs, et enfin un impôt de patente total de 16 ou 20 francs à 145 francs environ, le maximum de ce dernier impôt n'atteignant encore que le fabricant habitant la commune du Puy, et supposé rangé dans la première classe du tableau A, ce qui n'est pas présumable, vu le peu d'importance relative que nous accordons au fabricant ayant 105 ouvrières seulement.

Actuellement, d'après la prétendue application des règles du tableau C, ce même fabricant est susceptible d'avoir à payer un droit fixe de 300 francs et une cotisation totale de 450 francs environ, en tenant compte du droit proportionnel.

Peut-on prétendre que cette cotisation de 450 francs, substituée à un impôt variant entre environ 46 à 115 francs et ajoutée aux frais de production du fabricant, n'altère pas profondément le rapport établi jusqu'alors entre son prix de revient et son prix de vente, c'est-à-dire n'altérera pas son bénéfice?...

Peut-on admettre que le fabricant voudra prélever bénévolement, pour verser au fisc, une somme d'environ 450 francs sur un bénéfice éventuel de 1,260 francs au plus, sans chercher à retrouver son bénéfice normal déjà assez limité? Et parce qu'il ne peut augmenter son prix de vente, attendu, comme nous l'avons dit tout-à-l'heure, qu'il se fait concurrence à lui-même, qu'il ne peut renchérir, en général, sur les prix déja faits, et que de plus il se trouve en concurrence avec les fabricants puissants qui, au moyen d'un nombre très-important d'ouvrières produisant une masse considérable d'articles à vendre, n'ont pas leur prix de revient affecté par l'impôt d'une manière relativement aussi sensible, en concurrence avec les fabriques étrangères, en concurrence encore avec la mécanique qui a déjà écrasé quelques-unes de ses productions antérieures, ne sera-t-il pas réduit à réagir sur les prix de production, sur le salaire même de l'ouvrière? Celle-ci n'aura-t-elle pas à subir, autant qu'il dépendra de celui-là, le désordre créé par le nouvel impôt?

Qu'on ne s'y méprenne point ! cet impôt, dans l'espèce, est démesurément fiscal; il irrite les fabricants, et il les irriterait bien d'avantage s'il était appliqué à tous d'abord et à tous pour le maximum, puisqu'ils ont généralement tous plus de 405 ouvrières. Alors, que leur réaction sur le salaire de l'ouvrière ne se produise pas immédiatement; qu'ils maintiennent ce salaire tant que la vente sera active: n'est-il pas à craindre cependant que, dans ces époques critiques, néfastes, qui se reproduisent périodiquement et dont nous avons parlé, cet impôt exorbitant ne pèse encore de tout son poids sur les cours et ne finisse de les écraser ! et qui sera victime encore une fois? La réponse est facile à trouver.

Nous nous résumons en deux mots : le produit d'une ouvrière est *trop faible*, et l'impôt qu'il coûte est *trop fort*... Conciliez ces deux termes et aboutissez, si vous le pouvez, à une conséquence autre que celle de l'affaissement du salaire en raison de la gravité de l'impôt.

Hé bien ! nous disons que la loi n'est pas sagement interprétée quand son application donne un résultat opposé à celui qu'elle a poursuivi ; quand, au moyen de la formule *fabricant pour le commerce*, l'impôt peut retomber effectivement sur l'ouvrière, comme cela apparaît dans l'espèce.

§ 5.

Frapper tous les fabricants de dentelles du droit fixe maximum, serait violer le principe de l'égalité de l'impôt, en général, non moins que les dispositions formelles de la loi de 1858, au tableau A.

Nous venons, dans le cours du paragraphe précédent, de signaler incidemment le cas où tous les fabricants de dentelles se trouveraient atteints du maximum des dispositions de l'article additionnel au tableau C. Ce serait, en effet, le seul moyen de faire tomber, pour la fabrique de dentelles, la matière imposable sous l'application d'une partie de ces dispositions, sans quoi elle leur échappe entièrement.

Or, non-seulememcnt, frapper tous les fabricants de dentelles du maximum du droit fixe, en raison de 105 ouvrières, serait appliquer textuellement la partie des règles du tableau C qui a rapport au maximum, mais c'est encore ce dont quelques partisans de l'administration, nous ne voulons pas dire l'administration même, ont fait entrevoir l'é-

7

ventualité possible aux fabricants, avec quelque apparence de raison sans
doute, et pour tourner probablement la difficulté résultant pour l'administration de faire des classes inférieures au maximum dans un cas où la
matière imposable ne s'y prête pas, où elle échappe victorieusement à
toute classification. Ce serait donc une lacune que de ne pas examiner
avec attention le résultat d'une semblable mesure éventuelle, bien que
nous ne croyions nullement à cette énormité.

Les règles du tableau A sont, en général, les règles ordinaires, nor-
males de la cotisation de l'impôt des patentes. Les règles du tableau C
peuvent être considérées avec raison comme des règles exceptionnelles,
ayant des tarifs généralement beaucoup plus élevés que les tarifs du
tableau A. L'addition faite au tableau C, à l'article *Fabricant,* revêt le
plus éminemment ce caractère de règle exceptionnelle, attendu que son
but est d'atteindre , dans le tableau A, les industries qui ne paraissent
pas y être suffisamment tarifiées eu égard à leur importance.

Le maximum du droit fixe, défini par cette addition faite au tableau C,
est donc un *droit fixe maximum exceptionnel* remarquable parmi tous
les droits fixes maximum.... Comprend-on maintenant qu'on puisse
appliquer à tous les industriels d'une même industrie, *petits et grands ,*
ce droit fixe maximum exceptionnel entre tous !...

Cela nous ferait penser malgré nous aux *parias* ou aux *vaincus,* sur
le sort desquels nous nous sommes apitoyés quand nous avons appris
à les connaître dans l'histoire des sociétés ; et nous croyons sincère-
ment que présenter la question dans ses termes vrais c'est la résoudre
souverainement.—Consacrer, en effet, par la pratique une interprétation aussi exagérée de la loi , ce ne serait rien moins , dans ce pays ,
qu'une iniquité élevée à la hauteur d'un désordre social, et, Dieu merci !
nous répétons que nous ne croyons pas avoir à le craindre.

Mais que deviendrait donc encore ce grand principe d'équité proclamé

comme base de toute législation des impôts et des droits de patente : *Cha-*
cun doit contribuer aux charges publiques en proportion de ses facultés ?
La base primitive, normale, même actuelle, en général, de la cotisation des droits fixes, c'est le chiffre de la population combiné avec la
classe à laquelle appartient l'industrie. C'est sur ce principe que se cotise l'impôt de toutes les industries du tableau A, qui représente, comme
nous l'avons vu en son lieu, la généralité des commerces et des industries. Le plus fort droit fixe édicté par les règles du tableau A s'élève à
500 francs pour les professions de première classe dans les communes
de 100,000 âmes et au-dessus, comme, par exemple, Marseille, Lyon,
Paris. Ainsi, si l'on pouvait arriver à faire triompher, envers tous les
fabricants, la mesure de leur appliquer le droit fixe maximum du
tableau C, nous aurions ce rapprochement plein d'enseignement et d'é-
loquence : les fabricants de dentelles de la commune de Cayres, soit du
Bouchet-Saint-Nicolas, de la commune du Monastier, de Pradelles ou
de Saint-Julien-Chapteuil, comme ceux de la commune du Puy et
autres, seraient imposés à un droit fixe maximum *égal* au droit fixe
maximum payé par le marchand de dentelles en gros de première
classe de Paris, payé par les riches bijoutiers du Palais-Royal, payé
par les grosses maisons de draperies de la rue des Fossés-Montmartre
et autres, les grosses maisons de soieries ou de rubans des boulevards,
les grosses maisons de tissus de Tarare, de Lyon ou de Saint-Quentin,
de la rue des Jeuneurs, toutes maisons qui comptent leurs affaires par
millions et leurs bénéfices en proportion ! — Nous aurions le fabricant
de dentelles à blouse bleue à carreaux du Bouchet Saint-Nicolas ou de
Goudet, qui vient au Puy vendre de porte en porte un sac de dentelles
de laine, *comparable, pour le droit fixe à payer au Trésor, au somptueux*
bijoutier du Palais-Royal !!... (1)

(1) N'ayant pas à parler du *droit proportionnel*, nous le passons sous silence, en
faisant remarquer toutefois que c'est surtout au moyen de ce droit qu'on peut asseoir

Et cependant il n'y a pas là de faux-fuyant à invoquer. Si tous les fabricants de dentelles ont plus de 105 ouvrières, qu'ils fassent fabriquer de la dentelle de laine ou de la dentelle de soie mêlée d'or et d'argent, de la dentelle à 10 centimes le mètre ou de la dentelle à 60 francs, ils n'en sont pas moins tous susceptibles de payer le droit fixe maximum de 500 francs, stipulé dans l'addition faite au tableau C. — Qu'ils habitent le Bouchet-Saint-Nicolas ou le Puy, cette addition n'admet qu'une seule base de cotisation, le nombre des ouvrières.

Qu'il soit donc établi qu'élever tous les fabricants de dentelles au droit fixe maximum, afin que la matière imposable qui, dans cette industrie, ne touche aux règles du tableau C que par le nombre maximum de 105 ouvrières et au-delà, tombe sous le coup de ces règles, serait une iniquité sans nom ; que ce serait de plus une violation formelle des règles spéciales à la fabrique de dentelles formulées dans le tableau A, règles qui rangent les fabricants de dentelles en première, deuxième et quatrième classe.

§ 6.

Quelle valeur peut avoir, dans l'espèce, le témoignage universel des intéressés. — Interprétation élastique qu'on peut donner au mot : notoriété publique.

S'il était bien démontré que tous les fabricants de dentelles, en général, ont plus de 105 ouvrières, démontré, non pas pour ceux qui

plus équitablement l'impôt des patentes dans les grandes villes et surtout entre des industriels de même classe, mais de luxe d'installation différent, ce qui fait toujours supposer une importance différente. On peut comprendre, en effet, que le droit proportionnel pris sur une valeur locative qui atteint quelquefois 10, 20, 30, 40, etc., mille francs, représente alors une somme bien plus importante que le droit fixe. Pour le fabricant de dentelles du Bouchet-Saint-Nicolas qui, pendant la semaine, ont quelque idée de cette fabrique et qui ne l'ignorent point , mais démontré pour l'administration, qui feint de l'ignorer et qui le nie , démontré pour le conseil de préfecture, qui a jugé conformément aux conclusions de l'administration, et démontré enfin pour le conseil d'Etat, qui n'a pas encore eu à se prononcer, mais de qui nous attendons avec confiance une décision éclairée, indépendante de toute prévention, leur cause serait inévitablement gagnée.

Que faire encore cependant pour établir qu'ils ont tous, en général , plus de 105 ouvrières ?

Nous sentons en nous l'impuissance de le faire plus surabondamment et avec des raisons plus solides que celles que nous avons longuement déduites. Nous ne voyons plus qu'une chose : c'est de demander que l'administration centrale fasse procéder à un recensement de la population et dresser un registre des fabricants de dentelles comme des ouvrières en dentelles du département de la Haute-Loire et des départements voisins, le recensement étant d'ailleurs le seul moyen légal de rechercher la matière imposable.

Malgré les difficultés sans nombre d'un pareil recensement , nous ne doutons pas que le résultat ne confirme nos calculs approximatifs ; et d'ailleurs, dans ce conflit, où , d'un côté, l'aministration établit les bases de cotisation à sa manière, et où , de l'autre, les fabricants se plaignent d'être à sa merci, ne faut-il pas à la fin, si elle persiste , introduire des moyens de constatation réguliers, définis , avouables !

Cela nous met sur la voie de rechercher sur quel texte peut se fonder avec ou sans raison l'administration , pour mettre de la sorte

est à sa charrue et qui , le dimanche, reçoit ses dentelles à sa cuisine sinon à son établc, le droit proportionnel ne peut jamais être qu'insignifiant. Dailleurs, dans nos pays , on peut quelquefois louer pour 20 à 30 francs par année une maison tout entière.

hors la loi et le droit commun une catégorie d'industriels, et pour être entièrement sourde à leurs réclamations.

Nous trouvons ce texte dans le paragraphe 54 de l'Instruction générale, intitulé : *Assiette du droit fixe reposant sur des éléments variables. — Métiers et ouvriers disséminés.*

Voici ce paragraphe en entier :

« Le droit fixe de quelques-unes des professions du tableau B, et
» du plus grand nombre des professions du tableau C, repose sur des
» éléments dont le nombre varie pour les différents patentables, et
» dont la recherche et la constatation doivent être faites avec le plus
» grand soin.

» Lorsque les éléments de cotisation sont permanents et rassemblés
» en des lieux fixes, tels, par exemple, que les hauts fourneaux,
» les feux, les fours, les paires de meules et de cylindres, etc.,
» leur constatation ne demande que de l'activité et de l'attention de
» la part de l'agent chargé de l'assiette de l'impôt ; mais lorsque les
» éléments de cotisation consistent en métiers non réunis en corps
» de fabrique, ou en ouvriers disséminés en dehors des établissements
» industriels, la constatation exige des précautions particulières.

» Les contrôleurs doivent alors adresser, par commune, des bul-
» letins indiquant le nombre des métiers ou des ouvriers occupés par
» chaque fabricant.

» Ces bulletins sont conservés par le contrôleur qui les a rédigés,
» lorsqu'ils se rapportent à des fabricants domiciliés dans sa division ;
» ils sont, suivant la marche indiquée par la circulaire n° 516,
» transmis à l'agent qu'ils concernent, lorsqu'ils se rapportent à des
» fabricants domiciliés dans d'autres divisions ; de telle sorte que
» chaque contrôleur se trouve, en définitive, muni des renseigne-

» ments nécessaires pour établir, aussi exactement que possible, la
» patente des fabricants dont il s'agit.
  » Les facteurs qui s'interposent entre les fabricants et les ouvriers
» pour la confection des travaux qui s'exécutent en dehors des fa-
» briques, pourront fréquemment donner aux contrôleurs d'utiles
» renseignements pour la rédaction des bulletins dont il vient d'être
» parlé ; au reste, l'absence de ces renseignements et la difficulté des
» recensements ne seraient pas des motifs suffisants pour excuser les
» omissions que pourraient présenter les motifs de patentes en ce qui
» concerne les fabricants employant des métiers ou des ouvriers dis-
» séminés, attendu qu'à défaut d'indications plus certaines, *les con-*
» *trôleurs sont autorisés à établir les bases de cotisation d'après la*
» *notoriété publique.* »

Nous soulignons le dernier membre de phrase que, dans ce paragraphe explicite, l'administration semble avoir seul pris en considération.
    Hé bien ! nous, fabricants de dentelles, nous témoignons que nous
avons tous plus de 105 ouvrières ; que, avec 105 ouvrières seulement,
on ne peut pas s'attribuer sérieusement le titre de fabricant de dentelles ; que, avec ce chiffre, il est impossible de couvrir ses frais de
maison, ses frais de tournées et de faire des bénéfices appréciables :
sont-ce des renseignements, ceux-là, aussi vrais, aussi sérieux que
ceux que vous pouvez prétendre tirer de la notoriété publique ?
    Et quelle notoriété publique avez-vous donc consultée ? — Il s'agit
du *nombre* des ouvrières d'un fabricant et nullement de l'importance
présumée d'une maison. — Est-ce la notoriété publique représentée
par des habitants de la ville du Puy ? Mais cette notoriété est incom-
pétente, même envers les fabricants qui habitent le Puy, attendu
que leurs ouvrières sont disséminées ailleurs dans la fabrique, et que

le moyen de la notoriété publique ne peut être invoqué que pour ce qui est à sa portée.

Il n'y a, en fait de notoriété publique compétente dans l'espèce, que celle représentée par les habitants de la fabrique même ou ceux qui la parcourent : est-ce là la notoriété publique que vous avez consultée? Nous en doutons ; car elle vous eût donné probablement des indications différentes de celles sur lesquelles vous vous appuyez ; car nous-mêmes, nous ne déclinons pas le verdict de cette notoriété publique, la seule compétente. — Et même, si vous voulez nous accompagner dans la fabrique, nous vous ferons toucher du doigt qu'un fabricant en général, même le moins connu, a plus de 105 ouvrières ; et encore qu'il y a, en fabrique, plus de fabricants que vous n'avez voulu en atteindre dans l'application des règles du tableau C.

Ici nous sentons le besoin de répondre à un reproche que, à l'expression de notre pensée sur l'impossibilité d'établir sur la matière imposable, des classes inférieures au maximum, quelques confrères nous ont adressé, principalement ceux, bien entendu, dont l'impôt est encore cotisé sur un nombre d'ouvrières inférieur à 105.

On nous a dit : mais vous dénoncez les contribuables! mais vous allez nous faire porter au maximum ! mais vous allez faire appliquer les dispositions du tableau C à la grande foule des fabricants qui ont été épargnés jusqu'à ce jour !

Nous répondrons à ces confrères, dont les susceptibilités sont parfaitement légitimes, mais non justifiées :

La loi est la loi : c'est la base de tout ordre social. — Vous voulez qu'elle vous protége, n'est-ce pas? Hé bien ! il faut vouloir qu'elle triomphe.

Vous n'êtes pas frappé du droit fixe maximum à raison de 105 ouvrières : c'est possible ; mais vous ignorez donc que, en vertu de l'article 15 de la loi de 1858, vous pouvez l'être à partir du 1er janvier *écoulé,* au moyen de rôles supplémentaires, si c'est le bon plaisir de l'administration ! — L'administration peut, de la même manière, dès à présent et jusqu'à la fin de l'année, frapper des règles du tableau C, et toujours à partir du 1er janvier écoulé, tous les fabricants de dentelles jusqu'alors omis volontairement ou non volontairement ! — Et si ce n'est pas cette année, l'expérience de progression déjà acquise ne doit-elle pas vous faire craindre que ce sera l'année prochaine ou la suivante ?

Nous, nous voulons exclusivement le triomphe de la loi, et nous plaçons ce triomphe au-dessus de ce qui peut paraître notre intérêt personnel le plus immédiat ; car nous, non plus, nous ne sommes pas imposé au maximum du droit fixe cotisé sur 105 ouvrières. La notoriété publique, sans doute, a marqué notre rang de fabricant à la deuxième classe, comme elle aurait pu, hélas! avec la même raison, le marquer à la troisième, et nous payons notre contribution à raison de 80 ouvrières seulement.... Et cependant nous offrons bien à l'administration de lui prouver que, lorsqu'elle a confectionné la matrice des rôles, nous avions au moins 1,200 ouvrières. — Donc, nous sommes mal imposé, puisque le nombre de 80 ouvrières est de la part de l'administration un nombre de fantaisie, un nombre au moyen duquel nous sommes censé payer une contribution trop faible.... et cependant nous nous plaignons ! !

Mais si nous sommes mal imposé d'après les règles du tableau C, les autres le sont-ils mieux? Probablement non, et il ne faut pas non plus qu'ils éprouvent la crainte de l'avouer ni même d'en offrir la preuve.

Et pour ceux qui ne sont pas encore imposés d'après ces règles inapplicables à notre industrie, vous, bons fabricants de la campagne à blouse bleue, et vous, bonnes paysannes, que nous voyons souvent traîner péniblement vos boîtes de dentelles dans les rues du Puy, ce n'est pas pour le bas et odieux motif de vous dénoncer que nous vous faisons connaître publiquement! Non! c'est parce que vous formez le plus grand nombre des fabricants de dentelles que nous vous faisons ici concourir à la défense commune ; car ceux qui sont jusqu'à présent imposés d'après les règles prétendues du tableau C sont en infime minorité.

Nous vous faisons comparaître pour être notre bouclier et notre sauve-garde; parce que, si l'on vous épargne, il faudra qu'on nous épargne aussi : voilà pourquoi nous vous signalons au grand jour, alors qu'on feint de ne voir des fabricants à ouvrières que dans ceux qui habitent particulièrement la ville du Puy. — Et cependant, si les règles du tableau C sont applicables aux fabricants du Puy, elles vous sont aussi applicables; car, vous l'avez vu, le droit fixe, d'après ces règles, s'établit seulement sur *le nombre* des ouvrières employées, sans avoir égard à la population de la commune.

Vous appliquera-t-on le droit fixe même minimum qui résulterait, d'après l'administration , du nombre de 60 ouvrières , soit 165 fr. ?... Jamais! et notre dénonciation, si cela en est une, n'aboutira toujours qu'à un résultat utile! Aussi, voyez notre audace, nous offrons de vous dénoncer même nominalement avec le nombre approximatif de vos ouvrières, parce que nous savons qu'on ne peut pas vous appliquer les règles prétendues du tableau C.... A vous, la notoriété publique quelle qu'elle soit, sera toujours excessivement favorable. Vous demander le maximum ou même le minimum du tableau C, ce serait vous demander tout simplement votre démission de fabricant de dentelles, que l'effroi d'une pareille contribution vous ferait bien vite donner, en effet, pour la plupart! ce serait écraser purement et simplement votre industrie! ce serait mettre en jeu le pain de beaucoup d'ouvrières!

Aussi, si vous connaissiez la portée de nos efforts, notre vif et

sincère désir de sauver de l'arbitraire la fabrique de dentelles , vous
nous remercieriez en vous-mêmes; vous nous remercieriez pour vous,
pour vos enfants, pour vos ouvrières!... L'avenir, l'avenir surtout
nous serait reconnaissant !

Et encore, soyons de bon compte, ne serait-il pas odieux, choquant, qu'un fabricant de dentelles du Puy, ayant seulement 105
ouvrières environ, imposé pour 105 d'après les règles du tableau C,
puisse avoir quatre ou cinq cents francs de contribution à payer au
fisc, sur un bénéfice probable d'environ 1,000 à 1,200 francs,
tandis qu'à côté de lui, dans la fabrique, il y aura un autre fabricant, établi souvent sur les lieux mêmes, ayant tous les avantages
de son voisinage avec les ouvrières, dont il aura quelquefois un plus
grand nombre que tout autre, que ce dernier fabricant, disons-nous,
n'ait aucune contribution ou une contribution relativement insignifiante
à payer?... La concurrence entre ces fabricants serait-elle possible
dans ces conditions? A ce point de vue particulier, l'exemption d'impôts
de l'un ne serait-ce pas la mort de l'autre?

Pour terminer, nous pensons que le témoignage universel des intéressés, basé sur l'offre de preuves, doit prévaloir sur les prétentions
de l'administration, basées sur rien de défini. La notoriété publique
qu'elle peut invoquer n'est pas compétente, dans l'espèce, pour lui
fournir des renseignements autres que ceux-ci : telle maison passe pour
être très-importante ; celle-ci passe pour l'être moins; celle-ci, encore
moins. Mais quels renseignements vous fournit-elle sur la matière imposable, sur le nombre des ouvrières?... Aucun. Or, les règles du
tableau C n'ont pas été tracées pour que, par leur moyen, vous puissiez
cotiser au hasard, dans le vide ! Aussi vous êtes à cent lieues des
règles du tableau C, de la loi des patentes et de la loi en général (1)!!

(1) En raisonnant en termes plus généraux encore, nous pouvons dire .
Ou la fabrique de dentelles est très-importante, considérée au point de vue

SECTION DEUXIÈME

PREUVES TIRÉES DE LA COTISATION MÊME DE L'IMPOT DES PATENTES POUR
LES FABRICANTS DE DENTELLES, D'APRÈS L'ADMINISTRATION

Cette deuxième section n'est que la contre-partie, la contre-épreuve de la précédente. Actuellement, nous croyons avoir épuisé la discussion générale et, si nous y appliquons encore cette deuxième section que nous

de l'impôt et du chiffre d'affaires qu'il est juste d'attribuer en particulier aux contribuables qui en sont titulaires ;

Ou elle est seulement d'une importance modérée, considérée à ce même point de vue, qui est le seul d'ailleurs dont il puisse être question ici. •

Si elle est très-importante, comme il est incontestable que c'est le prix de la main-d'œuvre, le salaire de l'ouvrière qui constitue essentiellement le prix de la marchandise, c'est-à-dire *cette importance même*, vous êtes obligé de reconnaître que ce salaire étant non moins incontestablement très-modeste, il faut à chaque fabricant un très-grand nombre d'ouvrières, un nombre tel, que le nombre maximum fixé par le législateur, dans le tableau C, soit à son égard tout simplement ridicule ; de reconnaître par conséquent qu'il échappe aux règles et aux limites tracées dans le tableau C ; que vouloir lui appliquer ces règles et le faire rentrer dans ces limites, c'est nier la réalité la plus éblouissante pour mettre à la place une réalité de besoin, des nombres imaginaires préconçus, c'est faire violence à la loi, à la morale et à l'équité....

Si la fabrique de dentelles est seulement d'une importance modérée, si ferons, du reste, très-courte, c'est pour faire ressortir de plus fort l'illégalité et le mal fondé de la cotisation des droits de patente appliqués d'après l'interprétation des règles du tableau C par l'administration à la fabrique de dentelles ; non-seulement l'illégalité, mais l'impos-

modérée que les nombres d'ouvrières attribués à chaque fabricant, équivalent et représentation de cette importance, puissent être enfermés entre 10 et 105, alors les règles du tableau C seront applicables *dans la forme* à cette industrie ; alors vous appliquerez la forme de la loi, mais nullement le fond ; car les effets deviennent choquants, inadmissibles.... Des fabricants de dentelles ayant seulement une moyenne d'ouvrières comprise entre 10 et 105 : mais ce serait des industriels envers lesquels il serait injuste d'invoquer même le tarif de première classe du tableau A !... Ces fabricants.... des fabricants de première classe ! Mais vous n'y êtes pas ! Mais ce serait d'infimes commerçants que l'épicier en détail, leur voisin, regarderait avec des yeux de commisération !.... Et au moyen de la forme des règles du tableau C, vous leur appliqueriez encore un tarif plus que quadruple de celui de fabricant de première classe, tableau A, plus que quadruple de celui de l'épicier en gros ! Mais que faites-vous donc du principe de la loi, supérieur à la loi ! Que deviendrait encore l'équité !!

Il y a dans cette situation un mensonge dont il faut la disparition. — Si les fabricants de dentelles sont des industriels, nous ne dirons même pas comme tout-à-l'heure, très-importants, mais seulement modérément importants, nous abaissons les termes, ils ont une moyenne d'ouvrières plus élevée que le maximum qui sert de limite au législateur dans l'addition faite au tableau C ; ils ne sauraient, par conséquent, tomber sous le coup des règles de cette addition. — Si, au contraire, ils sont d'une importance si modérée, si infime que la moyenne de leurs ouvriers puisse être inférieure au maximum du tableau C ; alors ils sont, au fond, des contribuables [dont les facultés sont si faibles, qu'il devient inique de leur demander la cotisation d'impôts définie dans le tableau C ; alors la loi se fait violence à elle-même et se suicide.

Quelle issue à cette situation ?.... Quelle voie pour rentrer dans la loi et dans l'équité ?.... Une seule, celle qu'on n'eût pas dû témérairement abandonner, celle que la loi indique expressément dans le tableau A, la cotisation de l'impôt des fabricants de dentelles par première, deuxième et quatrième classe.... **Alors** seulement on sera dans la vérité !

sibilité même pour l'administration de se maintenir sur le terrain de la loi et de l'équité, sans abandonner entièrement les errements dans lesquels elle s'est engagée.

Si nous devons avoir gain de cause, nous savons bien que le Trésor y perdra, pour l'avenir, ce que l'application momentanée des règles du tableau C lui aura fait gagner en surélévation d'impôts et, nous savons bien aussi que l'administration, dépositaire des intérêts du Trésor, ne peut pas envisager sans regrets cette perspective. C'est pourquoi nous trouvons fort légitime sa résistance, en tant qu'elle n'est pas exclusive de l'équité et de la juste répartition des impôts. Nous croyons même que ce serait lui faire injure que de la suspecter de mettre l'intérêt en parallèle avec l'équité.

Aussi, d'un autre côté, ne faut-il voir non plus dans notre argumentation rien d'intentionnel ni au point de vue des personnes ni au point de vue de cet être moral que nous appelons l'administration, ni envers cet autre être moral supérieur : l'autorité. Ce que nous combattons, c'est une fausse interprétation de la loi qui a pu être faite avec la meilleure foi du monde, ce que même nous ne mettons pas en doute. Ce que nous voulons, et à ce titre la partie adverse doit être notre associée, c'est le triomphe de la loi, de l'équité ; nous voulons qu'il n'y ait aucun doute pour personne que la loi et l'équité sont parfaitement respectées et ont leur entière consécration. Si nous réussissons, la fabrique de dentelles en recueillera un bénéfice matériel important, mais l'autorité profitera d'un bénéfice moral encore plus important.

Qu'on veuille donc bien ne voir dans nos citations que des choses ou des faits considérés sous le rapport le plus abstrait possible ; nous procédons ici comme le chimiste qui est tout entier courbé et attentif sur les éléments du corps dont il fait l'analyse.

§ 1er.

Comment l'administration méconnaît le principe de l'égalité de la loi en n'appliquant pas les mêmes règles à tous les fabricants de dentelles.

Nous avons toujours été frappé de ce que l'administration n'ait voulu atteindre jusqu'ici, des règles du tableau C, qu'une infime partie des fabricants de dentelles, ceux principalement, si encore ils ne sont pas les seuls qui habitent la ville du Puy, parce qu'ils paraissent les plus considérables. — En a-t-elle le droit ?

A-t-elle le droit de procéder avec deux poids et deux mesures ? de partager les fabricants en deux camps : les privilégiés et les non privilégiés ? Ne suffit-il pas de signaler cette iniquité, ce désordre, pour qu'il mérite une universelle réprobation ?

Si l'administration pouvait arguer de son ignorance sur les noms des fabricants.... Mais elle ne le peut pas, attendu que la plupart de ceux à qui elle n'applique pas les règles du tableau C sont imposés d'après d'autres règles.... Et d'ailleurs ne peut-elle pas recourir au recensement ? Et puis encore ne lui offrons-nous pas nous-même de les lui signaler en grand nombre !

Maintenant peut-elle faire autrement, l'administration ? Nous avouons que cela lui est impossible ; voici pourquoi :

Il paraît bien aisé, si l'on veut, d'envisager quelques fabricants de dentelles du Puy, ou même de Craponne et d'Arlanc, comme des industriels importants, hors ligne, envers lesquels les tarifs du tableau A peuvent ne pas paraître suffisamment élevés, et envers lesquels on peut se demander s'il n'y a pas lieu de recourir aux règles exceptionnelles du tableau C. Mais allez donc considérer comme des industriels hors ligne les fabricants de dentelles de Goudet, de Présailles, du

Monastier, du Bouchet-Saint-Nicolas ou de Saint-Julien-Chapteuil, etc.?

Aussi l'administration se trouve-t-elle en face de ce dilemme auquel elle ne pourra jamais échapper :

Ou violer le principe fondamental de la loi, qui proclame tous les Français égaux devant elle;

Ou violer l'équité la moins contestable, en frappant de droits fiscaux énormes de petits industriels dont quelques-uns ont de la peine à vivre.

Le seul moyen, et il est bien simple, d'échapper à ce dilemme, c'est de réintégrer dans la catégorie des industriels ordinaires ces quelques fabricants de dentelles, triés dans le nombre et mal à-propos d'ailleurs, comme des industriels d'une importance hors ligne, et finalement d'appliquer à tous les règles du tableau A de la loi de 1858, où ils sont rangés.

§ 2.

Comment l'administration, pour appliquer les règles du tableau C, les combine avec celles du tableau A, et fait trois classes de fabricants de dentelles représentées par les nombres 60, 80 et 105 ouvrières.

L'administration, en faisant passer des fabricants de dentelles du tableau A au tableau C, n'a pas cru pouvoir abandonner entièrement les prescriptions du tableau A, où la fabrique de dentelles, comme nous l'avons dit plusieurs fois, se trouve rangée en trois classes, première, deuxième et quatrième. L'administration a eu l'ingénieuse idée de lui conserver aussi trois classes dans le tableau C, bien que ce tableau n'admette pas de classes, mais seulement une base unique de cotisation : le nombre des ouvrières. Nous savons bien que le mot classe ne figure pas sur les bulletins de patente ; que la formule est

simplement : *tableau* C, *tant d'ouvrières ;* mais il résulte de nos explications avec l'administration et de l'inspection des bulletins des pétitionnaires où les mêmes nombres se retrouvent, que les classes n'en
subsistent pas moins de fait, et que, pour se conformer à la base de
cotisation du tableau C, elles sont seulement représentées en la forme
par des nombres d'ouvrières, soit les nombres 60, 80 et 105 (et au-
delà) (1).

De ces faits froidement analysés, que doit-il résulter pour nous?

C'est que l'administration n'emprunte que la forme de la matière
imposable spécifiée pour l'application des règles du tableau C : forme
qu'elle traduit par trois nombres; c'est que, au moyen de ces trois
nombres, qui ne sont rien au fond, mais simplement trois formules
représentant trois classes, elle attribue à chaque classe de fabricant
un droit fixe extrêmement élevé, comparé à celui qui lui est attribué
dans le tableau A ; c'est que encore, au moyen de cette forme de la matière
imposable du tableau C, elle sépare le fabricant de dentelles du marchand, bien qu'ils appartiennent aux mêmes classes du tableau A ;
c'est que, en fait, la différence des épithètes produit la différence
des cotisations, attendu qu'on ne peut pas appliquer au *marchand* de
première classe la formule de 105 ouvrières, tableau C, tandis qu'on
peut l'appliquer et qu'on l'applique au *fabricant,* lors même qu'il ne
serait pas de première classe.

Il est tout-à-fait impossible de justifier la légalité de ces trois formules : 60, 80, 105 ouvrières. — L'addition faite au tableau C
n'admet absolument pas de classes ; et elle n'admet pas davantage
des nombres ronds appliqués sans fondement.

(1) Sur la totalité, nous avons trouvé deux exceptions : 40 ouvrières men-
tionnées sur un bulletin et 70 ouvrières sur un autre ; cela ne suffit pas pour
infirmer la règle.

Ah ! du moins, si le législateur a fait des classes dans le tableau C
à l'article fabricant pour le commerce, savez-vous combien il en a
fait ? Comptez : autant qu'il y a d'unités et de demi-unités entre 10 et
105 !.... Voilà les. classes, voilà les nombres de la loi, et elle veut
que ces nombres soient recherchés et constatés avec le plus grand
soin.

Quel hasard miraculeux, impossible, voulez-vous invoquer qui fasse
que les fabricants de dentelles de la série de 60 ouvrières aient tous
également 60 ouvrières, et que ceux de la série 80 aient aussi tous
exactement 80 ouvrières ? La conception d'un hasard aussi miraculeux...
ce n'est rien moins qu'une absurdité !

Autre contradiction. Vous établissez la classe minimum à 60 ouvrières, et cependant, dans un rapport que nous discuterons en son
lieu, pour combattre notre assertion que la moyenne des ouvrières
atteint plus de 400 pour chaque fabricant, vous avancez, au contraire,
que cette moyenne n'est que de 50 ouvrières par fabricant. — Ex-
pliquez-nous alors pourquoi, si cette moyenne n'est que de 50 ouvrières,
vous n'établissez pas des cotisations de droit fixe sur un nombre
d'ouvrières inférieur au nombre moyen de 50 ? C'est tout-à-fait
logique cependant, et nous ne pouvons comprendre que le nombre 50
soit la moyenne entre les trois nombres 60, 80 et 105 que vous
appliquez ,aux fabricants !

Pour terminer, qu'il soit bien établi que les nombres 60, 80 et
105 ouvrières sont des nombres de fantaisie qui ne représentent pas une
collection d'unités ou de demi-unités, mais un ordre, un rang, des
classes ; que ces classes sont tout-à-fait inadmissibles d'après les règles
du tableau C, comme d'après celles du ·tableau A ; que, par conséquent, elles n'ont absolument aucune sanction législative, aucun sens
légal.

SECTION TROISIÈME

HISTOIRE ET DISCUSSION ANALYTIQUE DU PROCÈS PENDANT ENTRE LES
FABRICANTS DE DENTELLES DU PUY ET L'ADMINISTRATION

§ 1er.

Avant 1861.

L'année 1859 a vu appliquer, pour la première fois, à des fabricants de dentelles du Puy les dispositions nouvelles du tableau C, dispositions qui ne dataient, du reste, comme nous l'avons vu, que du 4 juin 1858. — Jusques alors, les fabricants avaient été confondus avec les marchands et payaient un droit fixe équivalent, sinon inférieur quelquefois à celui des marchands.

La mesure, d'après nos informations, n'atteignit que cinq fabricants et avait, par conséquent, un caractère assez apparent de simple essai : elle ne manqua pas cependant de produire une certaine sensation.

Nous ne pouvons nous empêcher de critiquer ici, lorsqu'il s'agit d'opérer une surélévation d'impôts énorme, ce procédé un peu trop emprunté à la médecine homéopathique et consistant à commencer d'abord par petites doses, afin d'y habituer les malades. Si la mesure est fondée, si elle est légale, elle ne doit pas, ce nous semble, suivre des chemins couverts, avoir de la honte ou de la pudeur à se montrer. Si celle dont il s'agit ici était l'application de la loi, elle devait être générale, elle devait être appliquée aveuglément à tous ceux qui y donnaient lieu. Quel mystère caché sous cette application de la loi à 5 fabricants de dentelles sur environ 300? — On voulait donc connaître d'abord l'impression qui en serait le résultat! la réponse qui serait faite par ces 5 contribuables distraits de la loi commune et servant de sujets à l'expérience! Triste précédent, qui devait être consacré par les inexplicables abus que nous avons signalés!

Nous avons l'honneur d'avoir été des *cinq*, et, bien qu'imposé sur 60 ouvrières seulement, nous éprouvâmes une aggravation d'impôts, très-considérable, eu égard à ce que nous avions payé jusqu'alors. Décidé à réclamer énergiquement, nous allâmes d'abord prendre des renseignements auprès d'un membre de l'administration même, en qui nous avions toute confiance. — Le texte de l'addition faite au tableau C nous fut lu, c'est-à-dire qu'on nous fit comprendre que, d'après la nouvelle loi de 1858, la cotisation du droit fixe s'établissait sur le nombre des ouvriers. — Il résulta en outre de nos explications que le nombre de 60 ouvrières était le minimum d'ouvrières fixé pour la plus basse classe des fabricants de dentelles, et que, dans aucun cas, nous ne pouvions espérer d'être taxé sur un chiffre moindre.

Nous étions profondément ignorant, comme beaucoup d'autres, sans doute, sur ces matières d'impôts et de patente; nous ne voyions que le nombre d'ouvrières comme base de réclamation, puisqu'il était la base de cotisation. Or, devant ce nombre de 60 ouvrières, ridiculement bas eu égard à ce que nous en avions, nous nous trouvions désarmé, et faute de voir la moindre chance possible pour arriver à une décharge ou réduction, nous nous résignâmes à ne pas réclamer?

Que firent les autres des cinq? Nous l'ignorons ; et, en tout cas, cela est de peu d'importance à connaître. Il suffit de savoir qu'on se trouvait en face d'une législation nouvelle et inconnue, et qu'il n'est guère dans les capacités d'un commerçant de voir clair dans des choses aussi obscures pour tout le monde en général.

L'année 1860 vit s'augmenter le nombre des fabricants imposés d'après les règles du tableau C, et cette fois, comme c'était naturel, la sensation fut plus générale et plus profonde.

Cette fois, nous sommes bien certain qu'il y a eu des réclamations, puisque nous verrons bientôt l'administration invoquer en sa faveur une décision du Conseil de préfecture, rendue en 1860, mais nous ignorons sur quels moyens elles se sont produites ; probablement sur des moyens, bons au fond peut-être, mais mauvais et non recevables en la forme, comme ceux-ci que nous avons souvent entendu formuler autour de nous : les ouvrières en dentelles ne sont pas des ouvrières dans le sens de la loi. — Elles n'appartiennent pas aux fabricants, puisque de leur plein gré, elles vont souvent de l'un à l'autre, sans avis préalable. — Elles ne sont pas des ouvrières dans le sens des ouvriers des manufactures, dont chaque ouvrier représente une grande somme de travail. — Elles chôment quand il leur plaît, etc., etc. Voilà à quoi se réduisent, en général, les arguments des parties plaignantes ; et, d'après ce que nous avons appris de la loi de 1858, nous savons qu'il est aisé de les réduire à néant, du moins tels qu'ils sont exprimés. — C'est ce qui est arrivé, et c'est, en vérité, à une fin de non recevoir que ces moyens devaient inévitablement aboutir.

§ 2.

L'année 1861.

Arrivons à la présente année 1861. Cette fois, la distribution des bulletins de patente a produit presque de l'exaspération parmi les fabricants de dentelles de la ville du Puy. Non-seulement la mesure a paru être devenue plus générale, mais nombre de fabricants ont été élevés des classes inférieures aux classes supérieures, de telle sorte qu'il en est résulté pour la plupart une aggravation générale et très-considérable de l'impôt (1).

Aussi, pour la première fois, il a été question de formuler une plainte commune, et les fabricants de dentelles se sont consultés entre eux pour aviser aux moyens de mettre un terme à cet état de choses onéreux. Pour la première fois aussi on a exprimé des regrets que la fabrique de dentelles ne fût pas représentée au Conseil général du département, pour y faire entendre une voix plus écoutée ou plus retentissante pour la sauve-garde du plus grand des intérêts départementaux.

Enfin, la nouvelle loi sur les patentes a été étudiée avec attention ; les fabricants ont adressé à la préfecture une pétition identique et l'ont appuyée d'un mémoire collectif, couvert de leurs signatures, et dans lequel étaient développés leurs moyens. — La pétition conclut à ce qu'il plaise à M. le Préfet décharger les fabricants de dentelles signataires des contributions de patente à eux réclamées en vertu des règles du tableau C, et ordonner qu'ils ne soient côtisés que d'après les règles du tableau A où la loi de 1858 les a classés.—Le mémoire n'est que le

---

(1) Nous, personnellement, nous avons été élevé de 60 ouvrières à 80.

développement de ces conclusions et cherche à établir surtout que les règles du tableau C ne sont pas applicables à la fabrique de dentelles dite du Puy.

L'administration, de son côté, a maintenu l'application des règles du tableau C, dans un premier rapport de M. le Directeur des contributions directes. Ce rapport ayant été l'objet de nouvelles observations de la part des fabricants de dentelles, est intervenu un second rapport de M. le Directeur, beaucoup plus étendu que le premier et d'après les conclusions duquel le conseil de préfecture a déjà décidé sur la pétition de la plupart des fabricants. Comme toutes les pétitions sont identiques, il y a tout lieu de penser qu'elles auront toutes le même sort et que toutes les décisions du conseil de préfecture seront en même temps l'objet d'appel devant le conseil d'Etat, qui donnera enfin le dernier mot sur la question à débattre.

Tel est le procès actuel. Il nous appartient ici d'en analyser les éléments et d'examiner surtout avec attention les motifs développés dans les rapports de M. le Directeur des contributions directes.

§ 5.

Premier rapport de M. le Directeur des contributions directes.

De même qu'il faut que chaque demandeur en réduction ou en dé-charge fasse une pétition particulière, de même il faut, nonobstant les cas où la demande est commune à plusieurs pétitionnaires et où il y a encore un mémoire signé en commun, une procédure particulière à chacun des demandeurs. Ici nous suivrons la procédure particulière au sieur Rogues Martin, un des plus notables fabricants-marchands de la ville du Puy, un de ceux envers lesquels l'administration paraîtrait être le plus fondée au moral. Nous examinerons donc les rapports faits par M. le Directeur des contributions directes sur la pétition du sieur Rogues, et nous répétons que, comme tous les rapports sont faits sur une pétition identique, ils doivent tous être à peu près uniformes et que par conséquent la réfutation de ceux que nous ferons connaître, pourra être considérée comme une réfutation commune à tous.

L'impôt des patentes du sieur Rogues Martin est ainsi cotisé :

Droit fixe : 105 ouvrières, tableau C, maximum ... 500ᶠ »
Droit proportionnel : au 20ᵉ sur une valeur locative
de 700 fr. . . . . 55 »
Centimes additionnels. 152 27

TOTAL 487 27

Voici le premier rapport de M. le Directeur des contributions directes sur sa pétition :

« Le Directeur des contributions directes, soussigné, vu la réclama-
» tion ci-jointe, ainsi que les vérifications, observations, avis et conclu-
» sions dont elle est l'objet ;
» Considérant que le sieur Rogues exerce, ainsi qu'il le reconnaît
» lui-même, la profession de fabricant de dentelles et occupe plus de
» 400 ouvrières, ainsi qu'il est dit dans le mémoire signé par tous les
» fabricants du Puy et par lui ;
» Que si, jusqu'en 1859, il n'a été imposé que comme marchand
» de dentelles en gros première classe du tableau A, c'est qu'on était
» encore sous l'empire de la loi du 18 mai 1850, modifiée par celle
» du 4 juin 1858 ; que pour 1860 il a été imposé comme fabricant
» de dentelles pour le commerce tableau C, au maximum de 500 francs,
» comme ayant 105 ouvrières ;
» Que le conseil de préfecture, par décision du 8 novembre 1860,

» a rejeté la réclamation qu'il avait présentée pour être reporté à la
» première classe du tableau A, que cette décision est conforme à la
» jurisprudence du Conseil d'Etat et à un arrêt de ce Conseil suprême,
» en date du 12 juin 1860, numéro 982, qui décide que les fabricants
» de dentelles travaillant pour le commerce et occupant plus de 10
» ouvrières doivent être portés du tableau A au tableau C, conformé-
» ment à l'article ajouté au tableau C (troisième partie), de la loi du
» 4 juin 1858 et reproduit dans le tarif général des droits de pa-
» tente, article ainsi conçu :

« *Fabricant dont la profession est spécialement dénommée au tableau*
» *des commerces, des industries ou professions dont le droit fixe est réglé*
» *eu égard à la population et d'après un tarif général, lorsqu'il travaille*
» *pour le commerce et qu'il occupe plus de 10 ouvriers disséminés ou*
» *renfermés dans un même établissement, pour les 10 premiers ouvriers,*
» *15 francs, plus, pour les ouvriers au-dessus de 10, 5 francs par ou-*
» *vrier, ou par série d'ouvriers momentanément employés équivalente*
» *à un ouvrier employé complètement, jusqu'au maximum de 500 francs.* »

» Que dès lors le droit fixe de la patente du sieur Rogues est bien
» établi, que la réclamation produite en 1861 n'est pas plus fondée que
» celle de 1860, puisque les faits qui ont donné lieu à l'imposition
» d'après le tableau C sont toujours les mêmes.

» Estime qu'il y a lieu de rejeter la demande.

» En résumé, le montant de la cote est de 487 fr. 27, le Directeur
» propose de la maintenir.

» Au Puy, le 22 avril 1861.

» Signé PONTET. »

Nous en demandons bien pardon à M. le Directeur des contributions
directes, mais, selon nous, son premier rapport ne répond par aucun

motif sérieux. Il tranche la question par la question et il pourrait se traduire par cette phrase :

Nous maintenons votre cotisation parce que vous reconnaissez être fabricant pour le commerce, vous reconnaissez avoir plus de 400 ouvrières ; parce que les faits qui ont donné lieu à votre imposition d'après le tableau C sont toujours les mêmes, et d'ailleurs le Conseil de préfecture comme le Conseil d'Etat nous ont donné raison.

Le rapport, ce nous semble, devait examiner les moyens produits par les pétitionnaires et en démontrer le mal fondé au lieu de conclure purement et simplement que les règles du tableau C leur étaient applicables. Mais, tout au contraire, si le rapport fait l'emprunt d'une de leurs affirmations, celle par laquelle ils reconnaissent tous qu'ils ont chacun plus de 400 ouvrières et que partant leur matière imposable échappe aux règles du tableau C, ce n'est pas pour réfuter la conclusion qu'ils en tirent, mais c'est pour leur jeter isolément à la face cette induction, qu'ayant plus de 400 ouvrières, puisqu'ils le signent, ils reconnaissent le nombre que l'administration leur en attribue et, par suite, leur demande est mal fondée. Mais c'est là-dessus qu'ils la fondent et démontrez-leur qu'ils la fondent mal à propos, sans vous emparer purement et simplement des prémisses qu'ils posent et de vous en faire vous-même une arme pour leur dire : « Vous ne niez pas que vous êtes des fabricants pour le commerce et que vous occupez plus de 10 ouvrières, donc l'addition faite au tableau C vous est applicable, parce que la loi veut que tous les fabricants pour le commerce, ayant plus de 10 ouvriers, passent du tableau A au tableau C ! »

Ici, malgré nous, de tristes préoccupations nous assaillent, quand nous songeons que chaque contribuable, étant obligé par la loi de formuler sa réclamation isolément, sa cause, commune avec celle de toute une corporation, peut être dépouillée alors de tout ce qui la fortifie principalement et réduite à une expression qui la travestit presque du tout au tout. Nous nous expliquons.

L'addition faite au tableau C de la loi de 1858 est tout-à-fait inapplicable à la fabrique de dentelles du Puy ; nous croyons l'avoir surabondamment démontré. Cependant, lorsqu'on isole les fabricants et qu'on veut fermer les yeux sur la nature de leur industrie, pour ne voir en chacun qu'un fabricant pour le commerce ayant plus de 10 ouvriers, non-seulement alors l'addition faite aux règles du tableau C ne revêt plus les caractères d'une impossibilité absolue d'application, mais, au contraire, les apparences de forme semblent militer en faveur de cette application. Cela n'est rien moins que déplorable, parce que l'on peut en abuser, et c'est à cause de cela que nous ne pouvons éloigner les pensées profondément tristes qui nous viennent.

Espérons cependant, sans nous décourager à l'avance, que le Conseil d'Etat, justement jaloux de ses prérogatives et de son impartialité, voudra former sa conviction en donnant à nos moyens la plus sévère attention ; voudra prendre en considération ce témoignage de tous les co-pétitionnaires, pour l'appui de la cause de chacun d'eux, et que, finalement, s'il rejette leur demande, il établira d'abord le mal fondé spécial de tous leurs moyens.

Revenons au premier rapport de M. le Directeur des contributions directes.

Comme nous l'avons dit, ce rapport est muet sur les motifs produits par les fabricants de dentelles à l'appui de leurs réclamations. — Seulement il se fait une arme des précédents ; nous avons vu par quelle voie tortueuse ces précédents ont commencé. Enfin, et c'est ce qu'il formule de plus grave, il invoque en faveur des faits en vigueur, un arrêt du Conseil d'Etat et une décision du Conseil de préfecture. Nous ne nous occuperons pas de la décision du Conseil de préfecture comme offrant peu d'intérêt et n'étant que d'une importance secondaire :

d'ailleurs, nous n'avons pas de renseignements suffisants ; mais nous allons analyser l'arrêt du Conseil d'Etat, et nous verrons que l'administration a bien à tort voulu s'en faire un rempart.

§ 4.

Analyse de l'arrêt du Conseil d'Etat.

Voici cet arrêt :

« Vu la requête du sieur Aubry-Deleau, fabricant de dentelles en
» gros, demeurant à Mirecourt, ladite requête enregistrée au secrétariat
» de la section du contentieux, le 6 février 1860, et tendant à ce qu'il
» nous plaise annuler un arrêté en date du 24 octobre 1859, par lequel
» le Conseil de préfecture du département des Vosges a rejeté sa de-
» mande en réduction de la contribution des patentes à laquelle il a été
» imposé sur le rôle des patentables de ladite commune de Mirecourt,
» pour l'année 1859 ;

» *Ce faisant,* lui accorder la réduction demandée, attendu que le
» droit fixe de sa patente devait être calculé eu égard à la population,
» conformément à la loi du 4 juin 1858, qui a ajouté à la première
» classe du tableau A les fabricants de dentelles en gros ; — que la
» même loi, après avoir ainsi spécialement réglé les droits de patente
» applicables aux fabricants de dentelles en gros, n'a pas entendu leur
» appliquer la disposition générale qu'elle ajoute au tableau C (troisième
» partie) de la loi du 25 avril 1844, qui détermine, sans avoir égard
» à la population et d'après le nombre de leurs ouvriers, les droits de
» patente des fabricants travaillant pour le commerce et occupant plus
» de dix ouvriers ; — que d'ailleurs les fabricants de dentelles n'oc-

» cupent pas, à proprement parler, des ouvriers dans le sens de la loi,
» mais presque exclusivement des femmes et des vieillards, dont le tra-
» vail est fort irrégulier ;
 » Vu l'arrêté attaqué ;
 » Vu les avis du maire et des agents de l'administration des contri-
» butions directes ;
 » Vu les observations de notre Ministre des finances, en réponse à
» la communication qui lui a été donnée dudit pourvoi, lesdites obser.
» vations enregistrées comme dessus, le 11 avril 1860, et tendant
» au maintien de l'arrêté attaqué ;
 » Vu les autres pièces produites et jointes au dossier ;
 » Vu la loi du 25 avril 1844 et les tableaux A et C y annexés ;
 » Vu la loi du 4 juin 1858, et le tableau y annexé qui, dans le
» paragraphe 2, *Additions,* ajoute : 1° au tableau A, première classe,
» de la loi de 1844, la profession de dentelles en gros ; et au tableau C
» (troisième partie) de la même loi, l'article suivant : Fabricant dont
» la profession est spécialement dénommée au tableau des commerces,
» industries ou professions, dont le droit fixe est réglé eu égard à la
» population et d'après un tarif général, lorsqu'il travaille pour le
» commerce et qu'il occupe plus de dix ouvriers disséminés ou ren-
» fermés dans un même établissement : pour les dix premiers ouvriers,
» 15 francs ; plus pour les ouvriers au-dessus de dix, 5 francs par
» ouvrier ou par série d'ouvriers momentanément employés, équiva-
» valente à un ouvrier employé complètement, jusqu'au maximum de
» 500 francs ;
 » Considérant que si le sieur Aubry-Deleau exerce la profession de
» fabricant de dentelles portée au tableau A, première classe, de la
» loi du 25 avril 1844, il résulte de l'instruction, et il est d'ailleurs
» par lui-même reconnu qu'il occupe plus de dix ouvriers, qu'il travaille
» pour le commerce et expédie ses produits sur les marchés extérieurs ;

» Que, dans ces circonstances, c'est avec raison qu'il a été imposé
» aux droits de patente comme exerçant la profession de fabricant tra-
» vaillant pour le commerce et occupant plus de dix ouvriers, ladite
» profession ajoutée au tableau C par l'article sus-visé de la loi du
» 4 juin 1858 ;

» La section du contentieux de notre Conseil d'Etat entendue ;

» Avons décrété et décrétons ce qui suit :

» ART. 1er. La requête du sieur Aubry–Deleau est rejetée. »

Cet arrêt reproduit explicitement les moyens invoqués par le sieur
Aubry–Deleau, à l'appui de sa demande ; nous les voyons formulés au
nombre de trois :

Attendu, dit-il, 1° que le droit fixe de sa patente *devait être calculé eu égard à la population*, conformément à la loi du 4 juin 1858,
etc... ; 2° que la même loi, après avoir ainsi spécialement réglé les
droits de patente applicables aux fabricants de dentelles en gros, *n'a
pas entendu leur appliquer la disposition générale qu'elle ajoute au
tableau C*, etc... ; 3° que, d'ailleurs, les fabricants de dentelles *n'occupent pas des ouvrières dans le sens de la loi*, etc.

Hé bien ! nous le disons à regret ; mais la requête du sieur Aubry-
Deleau donne la mesure d'une profonde ignorance de la matière et de
la procédure en général ; et, nous plaçant au point de vue du Conseil
d'Etat, nous la jugerons comme lui ; seulement, lui donnant nos raisons
à notre manière, nous lui dirons :

Votre requête est vide de moyens ; voyez plutôt.... Vous nous demandez à ce que nous annulions un arrêté du Conseil de préfecture
des Vosges : 1° parce que la loi vous place dans le tableau A ; 2° parce
que l'addition du tableau C ne vous est pas applicable... — Mais c'est sur
le contraire précisément que cet arrêté s'est fondé, et c'est toujours

votre demande que vous formulez d'une manière différente. Or, il ne suffit pas d'énoncer sa prétention et de dire : la loi me place dans le tableau A ; il faut donner des preuves pourquoi ; en un mot, il faut définir les moyens par lesquels vous pouvez contredire ceux sur lesquels se base l'arrêté que vous attaquez.

Vous nous dites que l'addition du tableau C ne vous est pas applicable ; c'est encore une pure prétention, et il faut donner des preuves à l'appui ; jusques-là nous vous disons, la loi à la main : l'addition faite au tableau C a pour but et pour effet d'atteindre dans le tableau A les industries qui y donnent lieu. Si le fabricant de dentelles est purement un fabricant pour le commerce ayant plus de dix ouvriers, son industrie donne lieu à l'application de l'addition faite au tableau C. Bien que vous prétendiez le contraire, du moment que vous ne nous donnez pas de preuves pour nous éclairer, et que nous voyons d'ailleurs que vous avez plus de dix ouvriers, nous n'acceptons votre prétention que pour ce qu'elle est, une négation pure du texte de la loi, du texte de l'addition faite au tableau C, et nous répondons à cette négation simplement par la lecture brutale de ce texte qui doit passer avant votre prétention.

Tels sont les deux premiers prétendus moyens de M. Aubry-Deleau, la formule purement et simplement de sa prétention, de sa requête. Voyons le troisième.

Le troisième moyen de M. Aubry-Deleau est l'unique qu'il ait invoqué, le seul qui soit à l'appui de sa demande, et il le formule presque avec dédain, sans y attacher grand prix. D'ailleurs, dit-il, etc.... croyant avoir tout dit par l'énonciation des deux premiers moyens. Ce dernier moyen est bien faible, et c'est cependant ce qu'il y a de plus fort dans la requête ; c'est même, nous le répétons, la seule énonciation qui s'y trouve en dehors de la demande et comme preuve à l'appui ; car nous traduisons ainsi la requête du sieur Aubry-

Deleau, en défiant qu'on lui trouve un autre sens et une autre portée :

Je demande à ce que l'arrêté du Conseil de préfecture des Vosges soit annulé, c'est-à-dire, en d'autres termes, à ce que le droit fixe de ma patente soit cotisé conformément au tableau A et non pas conformément au tableau C, *parce que je n'occupe pas des ouvrières dans le sens de la loi.*

Réduite à ces termes, la requête du sieur Aubry-Deleau ne peut soutenir un examen sérieux. Nous avons vu, en effet, que la loi n'a formulé aucune définition de l'ouvrier : elle les admet tous, tels qu'ils sont, en édictant simplement la faveur du demi-droit fixe pour les enfants au-dessous de 16 ans ou les vieillards au-dessus de 65 ans, et en accordant encore la faculté des séries de plusieurs ouvriers comme l'équivalent d'un seul, quand ils ne sont que momentanément employés.

Devant une requête aussi pauvre de moyens, devant cette simple prétention sans preuves, qu'avait à décider le Conseil d'Etat ? Rien absolument, il n'avait qu'à lire au requérant le texte de la loi.

Et maintenant quelle portée faut-il attribuer à cet arrêt du Conseil d'Etat si témérairement et si malheureusement provoqué? La cause des fabricants de dentelles est-elle perdue à toujours ?

Loin de nous cette pensée ! Si, pour la forme, pour l'autorité que l'administration prétend en tirer, cet arrêt est regrettable, nous proclamons d'autre part, qu'il n'a au fond, aucune portée, aucune valeur à l'égard de la requête que formulent à leur tour les fabricants de dentelles du Puy.

Nous avons remarqué avec plaisir le rappel des moyens du sieur Aubry-Deleau, en tête de la décision de ce tribunal éclairé, d'où nous déduisons que les nôtres seront ainsi rapportés et qu'il y sera fait une réponse directe. — Et comme nos moyens sont tout autrement fondés,

Aubry-Deleau dit :
« Je demande à ce que l'arrêt soit annulé, c'est-à-dire à ce que je sois imposé conformément au tableau A et nullement d'après le tableau C, attendu que : 1° *C'est la loi*, 2° *C'est la loi*, 5° *Je n'occupe pas des ouvrières dans le sens de la loi...* »
Formulant ainsi, sauf le troisième et unique moyen, un démenti pur et simple de cet arrêt que nous traduisons ainsi :
« Vous êtes imposé d'après le tableau C et nullement d'après le tableau A, *attendu que c'est la loi....* »

tout autrement sérieux que ceux du sieur Aubry-Deleau, que ce sont des moyens enfin, nous ne doutons pas qu'il n'intervienne un arrêt tout différent et nous espérons qu'il n'y aura même pas lieu d'invoquer comme un précédent l'arrêt dont nous venons de faire l'étude.·

§ 5.

Second rapport de M. le Directeur des contributions directes.

A la suite du premier rapport et de l'avis donné aux fabricants de dentelles [intéressés du dépôt de ce rapport à la préfecture où ils pouvaient en prendre connaissance, ceux-ci ont formulé de nouvelles observations sur ce rapport. Aussi M. le Directeur des contributions directes, à son tour, a déposé un second rapport bien plus important que le premier et sur les conclusions duquel le Conseil de préfecture s'est prononcé. Voici ce rapport ainsi que la décision du conseil de préfecture en ce qui concerne toujours le sieur Rogues Martin.

« Le réclamant prétend que la décision du Conseil d'Etat, en date » du 12 juin 1860, ne peut lui être appliquée, attendu que la de- » mande du sieur Aubry n'a aucune analogie avec la sienne.

» Il résulte au contraire d'une lecture attentive de cette décision, que » les faits invoqués par le sieur Aubry sont tout-à-fait analogues à » ceux produits par les fabricants de dentelles du Puy. Ce dernier ne » pouvait invoquer la loi de 1844, puisque sous l'empire de cette loi » les fabricants étaient confondus avec les marchands et que ceux qui » avaient été imposés comme tels à la troisième classe, par arrêté d'as- » similation, étaient non pas les véritables fabricants de dentelles, mais » ceux qui, depuis 1850, sont désignés comme *entrepreneurs de fabri-* » *cation de dentelles.* Le sieur Rogues Martin a donc tort d'invoquer la

11

» loi de 1844, puisque c'est seulement en vertu de celle de 1858 qu'il
» a pu être imposé, et cette loi, contrairement à son assertion , porte
» d'une manière absolue que tous les fabricants pour le commerce
» passeront du tableau A au tableau C , lorsque cette classification
» donnera un droit fixe plus élevé.

 » Avant cette loi, les petits fabricants du Puy se plaignaient de ce
» que celui qui faisait pour 10,000 fr. d'affaires payait 80 fr. de droit
» fixe comme celui qui en faisait pour 200,000. Au moyen de son appli-
» cation sage et modérée cette inégalité choquante disparaît.

 » Il est faux de dire que l'industrie des fabricants de dentelles est
» moins importante que celle de marchand ; c'est le contraire qui est
» généralement vrai, attendu que les plus forts négociants du Puy sont
» en même temps l'un et l'autre et que , pour être fabricant dans les
» conditions où ils exercent , il faut autant et plus de capitaux que
» dans l'achat et la vente proprement dits. Dès lors c'est avec raison
» et conformément à l'équité et à l'esprit de la loi de 1858 , que le
» pétitionnaire a été imposé d'après *le nombre moyen* d'ouvrières qu'il
» occupe et non d'après un droit fixe de 80 fr. comme le plus petit
» marchand en gros. Le réclamant dit encore que l'industrie des den-
» telles a trop peu d'importance pour qu'elle puisse être imposée d'a-
» près les règles du tableau C. Il est cependant de notoriété publique
» que les plus grandes fortunes du Puy lui doivent leur origine, et au-
» jourd'hui même tous les fabricants ont quitté l'intérieur de la ville
» pour se loger à grands frais sur les boulevards, où ils occupent les plus
» beaux logements. Certes , une industrie de peu d'importance serait
» plus modeste.

 » Le grand argument qui est longuement développé surtout dans
» le mémoire collectif est celui-ci : Le plus petit fabricant attein-
» dra toujours le maximum. Cette assertion est complètement fausse,
» et, de bonne foi, comment les pétitionnaires ont-ils pu la produire !

» Il y a, dit-on, 150,000 ouvrières dans le département ou dans les
» environs ; or, la population totale n'est que de 296,756 âmes, et
» sur ce nombre, on ne peut en compter plus de moitié du sexe fémi-
» nin. Dans une grande partie des arrondissements de Brioude et d'Ys-
» singeaux cette industrie est inconnue ; il faut également déduire les
» enfants de 1 à 8 ans et ne compter que pour demi-ouvrières celles
» qui ont moins de 16 ans et les femmes qui ont plus de 65 ans.
» De plus, on ne doit considérer comme une ouvrière, au point de vue
» de l'impôt, que la femme travaillant 10 à 12 heures par jour, pendant
» 300 jours de l'année, ou une série d'ouvrières qui, momentanément
» employées, représente une ouvrière complètement employée.

» Si donc tous les fabricants du département réunis occupent
» 15,000 ouvrières dans ces conditions, c'est le maximum, et
» la moyenne pour chaque fabricant, en admettant le chiffre de 300,
» est de 50 et non de 455 ouvrières.

» L'administration en n'appliquant pas le maximum à chacun d'eux
» a donc agi d'après des données aussi sûres que possible et non point
» au hasard. Cette manière d'opérer a été, nous le répétons, sanctionnée
» par le Conseil d'Etat et, en 1860, le Conseil de préfecture de la
» Haute-Loire l'a également approuvée.

» En conséquence le Directeur des contributions directes soussigné,
» ne peut que persister dans le rejet de sa demande.

» Au Puy, le 25 mai 1861.

» Signé PONTET. »

Décision du Conseil de préfecture.

Le Conseil de préfecture de la Haute-Loire,
Vu la demande ci-jointe, les avis et rapports d'autre part,

Adoptant les conclusions du rapport de M. le Directeur des contributions directes, sur cette demande,

ARRÊTE :

La demande du réclamant est rejetée.

Au Puy, le 30 mai 1864.

(Signatures) L. Bouchetal Laroche, Sauveur de la Chapelle et Titaud.

Ah ! cette fois nous avons un rapport qui n'est pas vide de moyens... Nous avouons que celui-ci contient une réponse aux arguments articulés par les fabricants de dentelles, et nous nous faisons un devoir mêlé de plaisir de le réfuter de point en point.

1° M. le Directeur des contributions directes nous dit d'abord que le réclamant prétend que la décision du Conseil d'Etat ne peut lui être appliquée, parce que la demande du sieur Aubry n'a aucune analogie avec la sienne; qu'il résulte au contraire d'une *lecture attentive* de cette décision, que les faits invoqués par le sieur Aubry sont tout-à-fait analogues à ceux produits par les fabricants de dentelles du Puy.

Nous en demandons bien pardon, mais nous maintenons entièrement que la demande du sieur Aubry, bien qu'elle soit au fond la même que celle des fabricants de dentelles du Puy, n'a, avec celle-ci, aucune analogie quant aux faits invoqués et que, par conséquent, l'arrêt du Conseil d'Etat ne peut être opposé à ces derniers comme ayant la valeur d'une chose jugée, comme un moyen de rejeter leur demande.

Quels faits invoque en effet le sieur Aubry? Mais, nous l'avons vu tout-à-l'heure, sa requête brille par l'absence de tous faits ! A peine s'il en laisse échapper misérablement un seul, qui n'a pas de caractère sérieux : celui qui consiste à dire que ses ouvrières ne sont pas des ouvrières dans le sens de la loi.

Les fabricants de dentelles du Puy articulent-ils un fait analogue ?
prétendent-ils que leurs ouvrières ne sont pas des ouvrières dans le
sens de la loi?

Mais pas le moins du monde ! Ils proclament au contraire eux-
mêmes que leurs ouvrières sont des ouvrières dans le sens de la loi.
Avez-vous voulu dire que les faits invoqués par eux avaient de l'analogie *par contradiction* avec ceux invoqués par Aubry-Deleau ? A la
bonne heure alors! parce que vous voyez qu'ils contredisent Aubry-
Deleau sur le fait unique qu'il invoque.

Il est donc bien évident que les fabricants de dentelles du Puy ont
raison de prétendre que l'arrêt du Conseil d'Etat, qui a jugé sur un
fait qu'ils n'invoquent point, ne leur est point applicable.

2° M. le Directeur trouve que c'est à tort que nous avons invoqué
la loi de 1844. Il a raison dans un sens et non dans l'autre. Nous
avons invoqué *le tableau A de la loi de 1844*, seulement nous aurions
dû ajouter *modifié par la loi de 1858*.

Nous avons vu, en effet, que la loi de 1858, dans la partie *Additions,*
a classé le fabricant de dentelles au tableau A, mais ce tableau A appar-
tenait comme il appartient encore à la loi de 1844, et il est peut-
être plus impropre de dire le tableau A de la loi de 1858 que le tableau A de la loi de 1844, puisque, d'après l'examen que nous avons
fait de la loi de 1858, celle-ci ne contient pas de tableaux, mais modi-
fie les tableaux des lois précédentes par additions ou par retranchements. Enfin tout se réduit, comme on le voit, à une question de mots
et, conformément à l'avis de M. le Directeur, nous dirons la loi de
1858 tableau A, ou le tableau A de la loi de 1844, modifié par la
loi de 1858. Dire tout court le tableau de la loi de 1844 c'est impropre, puisque ce tableau, non modifié par la loi de 1858, ne dé-
nomme pas le fabricant de dentelles.

Bornons-nous-en là pour cet incident de forme : il nous prouve

combien il est difficile de ce conduire dans ce dédale de lois et de modifications aux lois ou d'expressions techniques sans se heurter à quelque
écueil.

5° M. le Directeur ajoute, dans ce paragraphe de son rapport, que
contrairement à notre assertion, la loi de 1858 porte d'une manière
absolue que tous les fabricants pour le commerce passeront du tableau A
au tableau C, lorsque cette classification donnera un droit fixe plus élevé.

Nous croyons que M. le Directeur exagère fortement l'interprétation
à donner à la loi de 1858, à l'article *Fabricant*. Une pareille interprétation ferait de cet article additionnel la formule d'une *mesure purement
fiscale, odieuse et tout-à-fait contraire à l'esprit de cette loi*.

Nous avons déjà étudié cette matière et nous y renvoyons. Nous
rappellerons simplement que le législateur, dans l'exposé des motifs,
s'est défendu de toute interprétation purement fiscale à donner à la loi ;
qu'il a sous-entendu s'il ne l'a formulée expressément, une condition,
une réserve suspensive de l'application des règles du tableau C, et cette
réserve est celle-ci :

*Il faut que l'industrie du tableau A, à laquelle paraît applicable l'ad-
dition du tableau C, ne soit pas*, pour qu'il y ait lieu de faire l'application, *cotisée dans le tableau A, eu égard à son importance*.

L'instruction générale ajoute qu'il arrive en général que cette industrie du tableau A, à laquelle on doit faire l'application du tableau C,
est cotisée dans le tableau A, à un taux qui choque par sa faiblesse,
eu égard à l'importance même de l'industrie qui, dans ces conditions,
se trouve généralement dénommée dans les dernières classes du tableau A.

Il est donc impossible d'admettre que la loi de 1858, ne se préoc-
cupant que de l'intérêt du fisc à l'exclusion de l'équité dans la répartition des impôts, porte d'une manière absolue que tous les fabricants

pour le commerce passeront du tableau A au tableau C , toutes les fois qu'il en ressortira un droit fixe plus élevé.

4° M. le directeur dit encore :

« Avant cette loi les petits fabricants du Puy se plaignaient de ce » que celui qui faisait pour 10,000 fr. d'affaires payait 80 fr. de » droit fixe comme celui qui faisait 200,000 fr. Au moyen de son » application sage et modérée, cette inégalité choquante disparaît. »

Hé bien ! ma foi, si les petits fabricants se plaignaient, vous leur donnez une belle consolation en élevant leur droit fixe à un taux général plus de quatre fois et demie plus fort que celui qu'ils étaient susceptibles de payer auparavant ! en .' nt leur droit fixe à 165 fr., 225 fr. ou 300 fr. au lieu de 25, 45 c 80 fr. ! Il est surprenant qu'ils ne vous en soient pas plus reconnaissants et qu'ils aient le mauvais esprit de se plaindre encore !

Mais encore si ceux qui ne faisaient que 10,000 fr. d'affaires et qui étaient susceptibles de n'être que de quatrième classe avec 25 fr., ou de la deuxième avec 45 fr., se plaignaient de payer le droit fixe de première classe , 80 fr. comme ceux qui en faisaient 200,000 , ils avaient parfaitement raison , parce qu'ils ne devaient pas être confondus avec ceux de 200,000. S'ils avaient alors à se plaindre de cette *inégalité choquante*, ce n'est pas parce que les dispositions législatives y donnaient lieu , c'est parce que vous pouviez alors en faire abus , comme vous pouvez le faire aujourd'hui avec une plus grande facilité encore, en cotisant sur le droit fixe de première classe pour 105 ouvrières, les plus petits fabricants comme les plus grands.

Et si vous trouvez qu'ils avaient raison de se plaindre à cette époque, pourquoi ne trouvez-vous pas qu'ils ont raison de se plaindre aujourd'hui, alors que l'inégalité et l'arbitraire de leur cotisation sont encore plus choquants, bien que vous appeliez cela une application sage et mo-

dérée de la loi de 1858 ? Ils peuvent vraiment se flatter du profit de
cette application sage et modérée !

5° Reprenons la suite du rapport.

« Il est faux de dire que l'industrie des fabricants de dentelles est
» moins importante que celle des marchands : c'est le contraire.., etc.,
» etc... Certes, une industrie de peu d'importance serait plus modeste. »

Il est bien aisé de prétendre de sa propre autorité qu'il est faux de
dire que l'industrie des fabricants de dentelles est moins importante
que celle des marchands. Il faut détruire les preuves que nous donnons
à l'appui ou en produire vous-même qui confirment votre prétention.
Est-ce une preuve ce que vous nous dites là que les plus forts négociants du Puy sont à la fois marchands et fabricants ? Dites-nous ce
que cela prouve ? Etes-vous dans leurs secrets pour savoir ce qui domine chez eux dans cette double qualité de fabricant et de marchand ?

Non ! nous ne pouvons accepter cela comme une preuve, car nous
pouvons, et à plus forte raison, l'invoquer tout comme vous. Mais nous
laissons au contraire de côté ces fabricants-marchands , parce que, à
cause précisément de leur double titre, nous ne voyons pas que ce soit
chez eux que nous devons chercher des termes de comparaison pour
établir l'importance relative des fabricants et des marchands.

Nous, nous cherchons le fabricant là où il se trouve avec sa simple
qualité de fabricant, et nous le comparons à l'industriel qui revêt
aussi la simple qualité de marchand. Où voyez-vous que le premier
soit supérieur au second ? S'il nous était permis de citer des noms
propres, nous vous signalerions des maisons d'achat du Puy qui ab-
sorbent chacune la production de plusieurs fabricants à la fois.

Et d'ailleurs, n'est-ce pas dans la nature des choses ? Il y a beaucoup
plus de fabricants que de marchands ; la plupart sont éparpillés dans
la campagne d'une extrémité à l'autre du département : où vendent-

ils leurs produits en général? Au Puy, chez les marchands. Or, pour
vendre, ils n'ont pas besoin d'un grand assortiment ; ils n'ont qu'une
pièce, ils peuvent la vendre. Le marchand, au contraire, a besoin
d'avoir constamment des assortiments complets pour vendre à l'acheteur étranger qui vient s'approvisionner chez lui. Dites-nous, s'il
vous plaît, quelle est dans ces conditions vraies la position qui vous
paraît demander le plus de capitaux?

Nous savons bien que, moralement parlant, le titre de fabricant a
plus de prix que celui de marchand : il y a presque toute la distance
d'un commerce à un art. Le fabricant crée, innove; il peut exercer son
génie sur le vaste champ des découvertes qui sont encore à faire. Sa
qualité a un prestige dont est jaloux le marchand même qui s'en em-
pare universellement. Voyez les enseignes ou les factures des marchands
de Paris ou d'ailleurs, qui ne sont, en général, que de simples ache-
teurs.... Hé bien ! ils s'intitulent tous fabricants, et ils le doivent,
en effet, pour la prospérité de leur maison et la sauve-garde de leurs
intérêts en général.

Mais ici nous n'avons à envisager le fabricant qu'au point de vue
de la loi, et nous n'avons pas à nous préoccuper seulement des quelques notables qui habitent le Puy. Dans toute industrie, il y a et il y
aura toujours quelques maisons privilégiées qui s'élèveront au-dessus
du niveau commun. Ce qu'il faut voir, c'est l'industriel pris dans
l'ensemble et dont l'importance relative peut être considérée comme la
moyenne, comme la résultante entre les importances des divers titulaires de son industrie. Le problème ainsi posé, nous maintenons
que le fabricant de dentelles est d'une importance, au point de vue
de l'impôt, moindre que celle du marchand.

— Vous ajoutez dans ce paragraphe, qu'il est de notoriété publique
que les plus grandes fortunes du Puy doivent leur origine à l'industrie
des dentelles.

Vous ne dites pas si c'est à la fabrique ou simplement à l'industrie du marchand que ces fortunes sont dues, et puisque avant 1858 l'industrie du fabricant était si faible que le législateur n'avait pas cru jusqu'alors devoir la dénommer dans ses tableaux, il est probable que ces fortunes tirent particulièrement leur origine de l'industrie du marchand.

Mais encore, dans toute ville où une industrie prédomine, n'est-il pas naturel que la plupart des fortunes de cette ville tirent leur origine de cette industrie? Voyez toutes les villes manufacturières ou celles ayant un grand commerce spécial : s'il se fait des fortunes dans ces villes, il ne semble pas étonnant que le plus grand nombre de ces fortunes soient acquises dans la profession spéciale qui réunit le plus grand nombre d'industriels.

Et ces marchands ou fabricants du Puy, qui ont pu faire une fortune dans le commerce de la dentelle, pensez-vous qu'ils n'auraient pas pu la faire tout aussi bien, avec les moyens et le temps qu'ils y ont employés, dans un commerce tout autre? Croyez-vous que les commerces de peaux, d'épiceries en gros, de grains, de légumes et farines, de draps et de rouenneries, d'orfévreries, etc., ne comptent pas aussi, dans la ville du Puy, leurs fortunes, relativement plus importantes et plus nombreuses peut-être que celles acquises dans l'industrie des dentelles? Nous prétendons que la notoriété publique, si vous voulez bien la consulter, vous répondra affirmativement, et qu'elle pourra vous apprendre aussi que ces industries diverses sont bien moins affligées que celles des dentelles par des sinistres commerciaux, des faillites ou des suspensions!

— Vous terminez ce paragraphe par cette tirade, que tous les fabricants ont quitté l'intérieur de la ville pour se loger à grands frais sur les boulevards, ce qui n'indique pas une modeste industrie.

D'abord tous les fabricants n'ont pas quitté l'intérieur de la ville ; il y en a encore, et des plus notables, dans la rue Roche-Taillade, la rue Raphaël, la rue Chênebouterie, la rue Pannessac, la place du Martouret, la rue Chaussade, etc....

Et puis ces industriels sont-ils les seuls à abandonner les rues sombres, étroites, tortueuses de la vieille ville, pour chercher l'air et la lumière et venir habiter les quartiers neufs? N'ont-ils pas le même droit, sans rougir et sans étaler de l'orgueil, de venir s'installer sur les boulevards, à côté des marchands de toute sorte, épiciers, boulangers, marchands de vin qui les y ont devancés? dans le voisinage des études des hommes d'affaires ou des bureaux des administrations qui, elles aussi, ne sont pas moins jalouses qu'eux d'air et de lumière, et qui ne croient pas payer trop cher ces avantages si réels?.... La prétention nous paraît au moins forte!

Ils se logent à grands frais sur les boulevards, dites-vous, et y occupent les plus beaux logements.

Nous avons sous les yeux le bulletin de M. Rogues Martin, dont nous avons d'ailleurs déjà donné le dépouillement. Ce bulletin accuse une valeur locative de 700 francs. Or, le logement du sieur Rogues est assurément un des plus beaux du Puy; il se compose d'un premier étage comprenant cinq fenêtres de façade avec balcon, et de vastes appartements à l'intérieur, le tout situé sur le boulevard Saint-Louis, le plus estimé du Puy. Pensez-vous que c'est se loger à grands frais que de payer 700 francs de pareils appartements, pour une maison comprenant deux associés et passant pour être une des plus importantes de la place?

Mais nous avons la conviction contraire. Un pareil logement sur un boulevard de Paris vaudrait au moins 15,000 francs; et au Puy, à 700 francs, il est bien meilleur marché que les mauvaises boutiques ou les appartements vermoulus que l'on peut trouver dans l'intérieur de la ville pour 200 ou 500 francs de location!

D'ailleurs, un logement convenable pour un commerçant, n'est-ce pas là une nécessité des temps, un besoin de notre époque, où celui qui offre sa marchandise à la vente est tenu, pour réussir, d'inspirer une certaine opinion de sa maison à celui qui vient pour lui acheter? Cela est-il même discutable?

Et encore, une deuxième fois, pourquoi, dans l'estimation d'une industrie générale, à laquelle on doit vouloir appliquer des règles communes, persister toujours à ne mettre en avant que les notabilités de cette industrie? Pourquoi ne signaler que les fabricants habitant le Puy, alors que les règles que l'on prétend appliquer excluent le chiffre de la population comme base de cotisation.

6° Arrivons enfin au paragraphe du rapport qui a pour but de détruire notre argument principal : *Le plus petit fabricant atteindra toujours le maximum.*

— Vous avancez que cette assertion est complètement fausse et vous vous demandez comment les pétitionnaires ont pu la produire de bonne foi ! Hé bien! nous allons voir, au moyen de vos propres contradictions, de quel côté est la vérité et la bonne foi !

Vous nous dites que la population totale du département n'est que de 296,756 âmes, au lieu de 500,000 que nous avons voulu dire en nombre rond : nous sommes d'accord. — Vous ajoutez que sur ce nombre on ne peut compter plus de moitié du sexe féminin : ceci nous le contestons, et nous prétendons le contraire.

Nous ne sommes pas le premier à avancer que le sexe féminin l'emporte par le nombre sur le sexe masculin : nous n'oserions prendre sur nous une telle responsabilité. Mais consultez les statistiques générales de la France, dont nous n'avons malheureusement aucune, nous sommes certain d'en tirer toujours le même enseignement : bien que le nombre des naissances dans les deux sexes soit a peu près équivalent, le nombre des sujets survivants du sexe féminin est toujours supérieur à celui des sujets du sexe masculin. Tous les statisticiens sont d'accord sur ce fait qu'ils attribuent à la conscription et à la guerre, ou aux accidents et auxmaladies produits chez les hommes par un labeur plus rude, par un travail plus exposé aux intempéries et à l'inhospitalité des saisons.

Notre département, outre ces causes générales de perte d'hommes, en porte en lui-même une particulière et très-importante : c'est l'émigration de beaucoup de jeunes gens de certaines régions pour les chantiers extérieurs, pour les villes étrangères dont beaucoup ne reviennent pas, soit qu'ils meurent, soit qu'ils s'y établissent. — En fait de femmes, au contraire, au lieu d'émigration, nous aurions plutôt de l'immigration ; car beaucoup de filles de service viennent des pays où l'on ne fait pas de la dentelle, et dans nos régions de bonne fabrique on trouve difficilement des filles qui veuillent abandonner leur métier pour entrer en service, même avec des gages qui paraîtraient élevés dans les pays où cette industrie est peu avancée ou inconnue.

Nous ne brodons pas, nous formulons simplement des vérités que personne de ceux qui connaissent le pays n'oserait contester, et nous maintenons avec raison que sur la population totale il est juste, contrairement à votre avis, de compter plus de moitié du sexe féminin.

— Vous ajoutez qu'il y a une grande partie des arrondissements de Brioude et d'Yssingeaux où cette industrie est inconnue.

Nous ne pouvons affirmer que cette industrie soit connue dans toutes les parties du département ; mais dire qu'elle est inconnue dans une grande partie de deux arrondissements sur trois dont il se compose, cela nous paraît bien fort.... bien téméraire, quand cette même industrie déborde dans tous les départements circonvoisins.

Admettons cependant qu'il y ait quelques localités du département qui ne fournissent pas d'ouvrières en dentelles : pensez-vous que cette perte n'est pas comblée largement par les ouvrières répandues sur les parties limitrophes des départements de la Loire, vers Saint-Pal, Usson, Viverols, Saint-Bonnet-le-Château (1); de l'Ardèche, vers Issarlès, le Béage; de la Lozère, vers Langogne, et surtout du Puy-de-Dôme où la fabrique se développe extrèmement concentrée depuis le Pontempeyrat jusqu'aux dernières montagnes que l'on quitte en prenant la direction d'Issoire, et dont nous signalerons seulement quelques centres importants, comme Arlanc, Saint-Bonnet-le-Chastel, Saint-Germain-l'Herm?

Toutes ces ouvrières sont occupées par les fabricants de dentelles du Puy ou d'ailleurs. Elles font corps avec les autres ouvrières des divers pays pour constituer l'industrie entière, et puisque l'addition du tableau C ne reconnaît qu'une base de cotisation, le nombre des ouvrières *disséminées ou réunies,* vous devez rechercher ce nombre tout entier et y incorporer les unités partout où elles se trouvent.

(1) La fabrique de Craponne est aujourd'hui extrèmement importante et est représentée par au moins une vingtaine de fabricants. Ces fabricants, qui se trouvent à l'extrémité de notre département, mais en même temps très-voisins des départements de la Loire et du Puy-de-Dôme, et d'ailleurs un peu refoulés par la concurrence directe des fabricants du Puy, qui s'étendent jusque chez eux, ont mis en exploitation les parties plus commodes pour eux des départements voisins, où se trouve aujourd'hui presque toute leur fabrique. Depuis Bas-en-Basset jusqu'au Pontempeyrat, ils occupent tout les pays situés sur la rive gauche de l'Ance, formée principalement par le département de la Loire, et du Pontempeyrat, dans la direction d'Ambert, ils s'étendent jusque dans les environs de cette ville. — Les autres parties du département du Puy-de-Dôme, Arlanc, Saint-Bonnet-le-Chastel, Saint-Germain-l'Herm, sont exploitées par les fabricants du Puy directement et surtout par les fabricants d'Arlanc. — Nous ajouterons que les fabriques de Craponne et d'Arlanc sont tellement importantes aujourd'hui qu'elles traitent directement les affaires avec les maisons de Paris, qui ne dédaignent pas de venir à chaque saison sur leurs places faire leurs achats. — Cette année surtout, nous avons eu le spectacle d'une plus forte tenue, sinon une plus forte hausse des prix sur la place de Craponne que sur celle du Puy, au point qu'il y aurait eu avantage pour un fabricant du Puy d'avoir sa maison à Craponne.

— Vous déduisez aussi les enfants de 1 à 8 ans : c'est une prétention mal fondée, attendu que beaucoup de petites filles font de la dentelle et sont de bonnes ouvrières pour l'article qu'elles peuvent confectionner dès l'âge de 5 ou 6 ans. Ce serait peut-être le cas de vous apprendre que nous avons aussi des petits garçons, surtout dans les pays pauvres, qui font de la dentelle, ce qui augmente encore le chiffre de la matière imposable.

Avec raison vous nous dites que l'on ne doit compter que pour demi-ouvrières celles qui ont moins de 16 ans et les femmes qui ont plus de 65 ans. C'est bien là, en effet, une des prescriptions expresses de la loi de 1858 : pourriez-vous nous apprendre alors envers quel fabricant vous avez tenu compte de ces demi-ouvrières de la loi dans le nombre rond d'ouvrières que vous lui attribuez sur sa cote des patentes, soit 60, 80 ou 105 ? Cette absence de demi-ouvrières dans le mode de cotisation n'autorise-t-elle pas à penser que, envers chacun des fabricants à qui, jusqu'à présent, vous avez appliqué les règles du tableau C, vous avez été persuadé d'une telle disproportion entre le nombre réel d'ouvrières à eux appartenant et le nombre fictif à eux attribué dans la matrice des rôles, qu'il fût inutile de mentionner des demi-ouvrières ?

Comme vous encore, nous admettons qu'on ne doit considérer comme ouvrière, au point de vue de l'impôt, que la femme travaillant 10 à 12 heures par jour pendant 300 jours de l'année, ou une série d'ouvrières qui, momentanément employées, représentent une ouvrière complètement employée.

Mais pensez-vous que cette condition de 10 à 12 heures de travail par jour soit une condition non remplie par la pluralité des ouvrières, et qu'il faille recourir à des séries pour former des unités légales ? Bien loin de là... Nous avons avancé ailleurs que les ouvrières travaillaient généralement 15 à 17 heures par jour, veillant ordinairement jusqu'à minuit pendant toute la période des jours courts. Celles qui ne travaillent pas 10 à 12 heures par jour sont rares et ce n'est encore presque toujours qu'accidentel ; de sorte qu'il n'y a pas lieu de retrancher beaucoup d'ouvrières du nombre nominal, parce qu'elles ne travailleraient pas 10 à 12 heures par jour, soit 3,000 à 3,600 heures par année. Et comme d'ailleurs l'impôt se cotise sur l'année , nous estimons que l'ouvrière qui ne travaille pas 3,000 à 3,600 heures par année est bien rare.

Ce que nous trouvons de plus fort dans les assertions de M. le Directeur des contributions directes, c'est la prétention que 15,000 ouvrières dans les conditions qu'il indique et que nous admettons pleinement, bien qu'il n'en soit tenu aucun compte dans l'application de la loi , soient le maximum des ouvrières occupées par les fabricants.... Cela dépasse notre entendement et nous ne pourrions accepter l'idée seule d'une prétention aussi formellement contraire aux faits les plus patents, si nous ne comprenions en même temps pour quel besoin elle est formulée.

M. le Directeur, en effet, s'il n'admet pas notre chiffre d'ouvrières, ne récuse pas le nombre de 500 fabricants que nous avons estimé par approximation ; et , établissant le rapport entre ces deux éléments, 15,000 ouvrières et 500 fabricants , il fait ressortir la moyenne à 50 ouvrières par fabricant.

Nous le regrettons, mais, tout en voulant ménager un besoin, celui d'établir une moyenne modérée dans la matière imposable , vous tombez , par l'exagération même de vos calculs , dans des contradictions formidables qui nous donnent beau jeu pour vous réfuter , bien que nous procédions avec la plus grande retenue, la plus grande froideur possible.

Comment ! vous proclamez une moyenne de 50 ouvrières ! Mais savez-vous quel chiffre de production peuvent représenter au plus ces 50 ouvrières ? Faisons le produit de 40 centimes par jour, pendant

300 jours, pour 50 ouvrières, nous avons 6,000 fr... 6,000 fr.! comme production moyenne annuelle d'une industrie pour laquelle les règles de cotisation du tableau A, qui sont les règles communes pour la généralité des commerces et des professions, *ne sont pas jugées suffisantes eu égard à son importance !...* Et si vous trouvez notre chiffre de 40 centimes par jour trop modeste, bien que l'expérience le démontre toujours exagéré, faites-lui subir une variation de quelques centimes : dès lors que les deux autres éléments du produit sont puisés dans votre rapport même, n'aboutirez-vous pas toujours par le calcul à un résultat insensé ! Mais la prétention d'une moyenne de 50 ouvrières et de l'importance d'affaires qui peut en être déduite, fait tout simplement injure à la fabrique de dentelles du Puy et à la notoriété publique qui a dû être invoquée ailleurs !!

Comment concilier cette importance préconisée si grande, si exceptionnelle, quand il s'agit de trouver insuffisants pour elle les tarifs appliqués dans le tableau A aux plus grands commerces qui soient, avec cette infime production moyenne représentée ici, parce qu'il s'agit de faire rentrer la matière imposable dans les limites prescrites par les règles du tableau C, par ce nombre ridicule de 50 ouvrières !! Puis, cette moyenne de 50 ouvrières, comment la concilier encore avec ce minimum de 60 ouvrières attribué dans la confection des rôles au plus petit des fabricants imposés selon les prétendues règles du tableau C! D'après la déduction qui découle de votre manière de cotiser l'impôt dans cette occurrence, dans une somme de nombres, le plus petit de ces nombres serait donc plus fort que le nombre moyen !! ou, si l'on veut, le nombre moyen serait inférieur au nombre plus petit !! Mais c'est nier et combattre la vérité mathématique !!...

Aussi vous ajoutez que l'administration, en n'appliquant pas le maximum à chacun des fabricants, a agi « *d'après des données aussi sûres que possible et non point au hasard,* » que cette manière d'opérer « *a été*

13

sanctionnée par le Conseil d'Etat » et approuvée par le Conseil de préfecture de la Haute-Loire en 1860 ; que par conséquent vous ne pouvez que persister dans le rejet de la demande...

Nous, nous persistons à maintenir que vous avez agi d'après des données de fantaisie et que votre application de la loi de 1838, conséquence logique de vos données, est aussi contraire à l'esprit et à la lettre de cette loi, que votre moyenne de 50 ouvrières est peu une moyenne entre les trois nombres 60, 80 et 105 ouvrières, qui vous servent de bases de cotisation envers les fabricants atteints du mode de contribution des patentes que vous avez innové...

SECTION QUATRIÈME

CONCLUSION

De l'étude et de la discussion auxquelles nous venons de nous livrer, nous pouvons déduire les considérations suivantes , que nous posons comme des vérités acquises :

La loi des patentes du 4 juin 1858 est la seule loi applicable à la fabrique de dentelles.

Cette loi range nominalement le fabricant de dentelles dans les première, deuxième et quatrième classes du tableau A.

Cette loi encore, dans le tableau C, à l'article général *Fabricant pour le commerce*, contient des dispositions qui modifient, envers les industries du tableau A, les règles ou les tarifs de ce tableau pour la cotisation du droit fixe, lorsque ces règles ou ces tarifs font ressortir l'impôt à un taux inférieur à celui que semble comporter l'importance même de ces industries , et alors seulement qu'il y a lieu de faire ressortir le droit fixe à un taux supérieur à celui qui résulte de l'application des règles du tableau A.

L'administration, interprétant à un point de vue exclusif ces dispositions d'ailleurs éminemment équitables de la loi de 1858, en a fait
une application à sa manière à quelques fabricants de dentelles de
la ville du Puy et a transgressé de prime abord le principe fondamental de l'égalité de la loi, en partageant une série de contribuables
en privilégiés et en non privilégiés, les uns étant imposés convenable-
ment d'après la loi, les autres l'étant d'après un mode extra-légal,
ayant des conséquences extrêmement onéreuses.

De leur côté, les fabricants atteints par la nouvelle mesure en matière d'impôts des patentes, ont prétendu que les règles du tableau A,
où se trouve nominalement classée leur industrie, sont seules applicables à cette industrie. Ils font valoir à l'appui que l'importance
même des tarifs du tableau A est bien en rapport avec l'importance de
leur industrie et que, par suite, l'addition faite au tableau C ne leur
est pas applicable.

L'administration a maintenu ses prétentions et, en réponse à la pétition et aux plaintes des fabricants de dentelles dont nous venons de
parler, elle a formulé ses motifs dans deux rapports signés par M. le
Directeur général des contributions directes.

A la suite du dernier rapport, est intervenue une décision conforme
du Conseil de préfecture de la Haute-Loire.

Les fabricants, forts de leurs droits, n'ont plus, pour les faire triompher, que leur recours devant le Conseil d'Etat. C'est spécialement
pour le triomphe définitif de ces droits que nous avons opéré le présent travail dont nous formulons ainsi la conclusion, tendante à ce qu'il
plaise au Conseil d'Etat annuler la décision du Conseil de préfecture :

Le fabricant de dentelles de la fabrique dite du Puy,

Patentable d'après les prescriptions de la loi du 4 juin 1858,

L'EST, quant à la cotisation du droit fixe, d'après les règles du tableau

A, *où le législateur a rangé son industrie en trois classes, et* nullement *d'après l'addition faite au tableau* C (troisième partie), *à l'article Fabricant pour le commerce, attendu que* :

Premier moyen. — La matière imposable, dans son industrie, échappe aux règles de l'addition faite au tableau C.

En effet, la moyenne de cette matière imposable est de beaucoup supérieure au maximum fixé par le législateur ; non-seulement la moyenne, mais le minimum même de cette matière imposable rationnellement attribuable au plus petit industriel est encore au-dessus du maximum défini par le législateur, de sorte qu'il est de toute impossibilité d'établir véritablement des classes inférieures au maximum, et que, d'après sa nature même, cette industrie n'est plus susceptible de l'application des règles du tableau C, que par le taux maximum, énormité sans nom, alors que le législateur l'a d'ailleurs rangée en trois classes : première, deuxième et quatrième, dans le tableau A. — De plus, appliquer uniformément le maximum pour se renfermer dans les limites d'une partie des termes de la loi, serait méconnaître d'une façon violente, extrême, le principe fondamental de la loi des impôts, à savoir que chaque contribuable doit subvenir aux charges publiques en raison de ses facultés. Or, il est bien impossible d'admettre des facultés équivalentes à tous les industriels d'une même industrie, d'ailleurs très-nombreux et remarquables par des différences de position commerciale très-profondes.

Deuxième moyen. — L'importance du fabricant de dentelles n'est pas hors de proportion avec les taux du droit fixe édictés dans le tableau A.

En effet, tout le prouve : le nombre très-considérable des fabricants qui se partagent une masse limitée d'affaires ; la faiblesse des bénéfices, produite par un excès de concurrence dans une industrie

qui est unique dans le pays; et, enfin, cela résulte avec force des
données mêmes fournies ou acceptées en partie par l'administration
même, mais auxquelles nous n'adhérons pas cependant, d'après lesquelles le chiffre de production moyen du fabricant de dentelles res-
sortirait par le calcul à six mille francs au plus par année.

Troisième moyen. — L'article 10 de la loi de 1858, ayant trait
aux enfants au-dessous de 16 ans ou aux vieillards au-dessus de 65
ans, serait méconnu par défaut d'application possible.

Le législateur, en effet, ne peut admettre une interprétation de sa
loi *telle,* que, si quelques-unes de ses stipulations, applicables en apparence, sont appliquées à l'excès, d'autres stipulations très-précises
et ayant la même force que toutes les autres, soient mises à néant,
alors qu'il y a évidemment lieu de les appliquer.

Quatrième moyen. — L'impôt sur le fabricant de dentelles, d'après
les règles prétendues du tableau C retombe, dans l'espèce, en réalité,
sur les ouvrières, ce qui est contraire à l'esprit sinon au texte de la loi
de 1858 et à la loi en général.

En effet, la cotisation de cet impôt demandé au fabricant sur une
ouvrière, affecte d'une façon si profonde le produit même représenté
par le travail de cette ouvrière, qu'il est impossible que son salaire
n'en soit pas altéré, et que, par conséquent, elle-même ne subisse
les conséquences de l'impôt. — Le calcul le plus impartial fait aboutir
à cette triste nécessité. Or, un tel résultat est contraire à l'esprit de
la loi de 1858, qui a affranchi de tout impôt de patente 140,000
petits contribuables, et à la loi, en général, qui n'a jamais atteint
d'aucun impôt de patente l'ouvrier travaillant seul pour le compte
d'autrui.

Cinquième moyen.—L'impôt des patentes, prétendu appliqué d'après les règles du tableau C, ne l'est qu'à la minorité des fabricants de dentelles, ce qui est contraire au principe de l'égalité qui sert de base fondamentale au droit français.

La loi proclame tous les Français égaux devant elle. Vous faites ici de l'exception, du privilége, que rien de légal ne justifie : donc vous méconnaissez la loi.

Sixième moyen. — L'administration, en divisant les fabricants auxquels il lui a plu d'appliquer, soi-disant, les règles du tableau C, en classes représentées les unes par 60, les autres par 80, et les autres enfin par 105 ouvrières, méconnaît formellement les dispositions de l'addition faite au tableau C, qu'elle invoque cependant, et qui, ne mentionnant ni séries ni classes de fabricants, ne reconnaît qu'une base unique de cotisation, le nombre des ouvriers, formé par unités ou par demi-unités réelles.

L'administration, en effet, par cette manière de procéder, où elle ne tient, au fond, aucun compte de la base légale de cotisation qui est l'unité ou la demi-unité d'ouvrier, mais qui s'en sert, dans la forme, pour avoir des nombres nominaux, de fantaisie, correspondant à trois classes de fabricants, envisagés d'après leur importance relative apparente, innove un système de cotisation que nous pouvons qualifier de *bâtard,* et qui, n'ayant aucune sanction dans la loi, prétend cependant en découler.

C'est purement de l'arbitraire qui a pour conséquence immédiate d'enlever au contribuable le droit sacré de réclamation que la loi lui a expressément réservé. Le contribuable, en effet, ne peut pétitionner que sur la base légale de cotisation, et s'il est imposé d'après une base de fantaisie telle, qu'elle soit toujours inférieure *nominalement* à la base qu'il peut invoquer *légalement* sur sa contribution, nonobstant une cotisation d'impôts trop lourde, il est absolument désarmé, et il n'a qu'à se soumettre à discrétion aux classifications dont il est victime.

Nous avons fini, et cependant, dans ce grave et important plaidoyer, il nous paraît utile d'ajouter encore quelques mots.

Nous croyons avoir épuisé dans notre argumentation toutes les preuves que le sujet semblait comporter, au point de vue légal, moral et pratique. Nous aurions pu nous étendre davantage sur la qualité de l'ouvrière en dentelles, la comparer, par exemple, avec l'ouvrier des fabriques de dentelles et de tulles du Nord, avec l'ouvrier des manufactures de Calais, de Lyon, de Saint-Quentin, etc., qui produit par jour plusieurs centaines de francs de tissus qualifiés par la loi et par le commerce du nom de *dentelles*, et qui ne donnent lieu, comme la dentelle de notre pays, qu'à une cotisation de 5 francs de droit fixe par ouvrier; il nous eût été facile de faire sentir la différence profonde qui séparait ces deux modes de fabrication de la dentelle, et par suite, de faire ressortir la légèreté de l'impôt chez l'une avec la gravité de ce même impôt chez l'autre; mais à quoi bon ! Nous avons vu que la loi ne définit pas l'ouvrier sous aucun point de vue autre que celui de son âge et celui de la durée de son travail ; et nous avons cru avec raison ne devoir pas nous éloigner de son terrain.

D'autre part, en relevant ce qui nous a paru illégal dans la conduite de l'administration, nous n'avons jamais douté ni de la bonne foi ni de la bonne intention qui ont été son mobile, que nous estimons être des plus louables, moralement parlant. Et même lorsqu'elle nous apostrophe assez durement en nous demandant si c'est de bonne foi que nous avançons que le plus petit fabricant est susceptible d'atteindre le maximum, nous voyons là un excès de prévention en faveur de sa cause, produite par l'insuffisance de ses renseignements, plutôt qu'une résistance formelle à une juste répartition des impôts, possible seulement sur des bases autres que celles qu'elle a trop facilement adoptées.

De même encore, lorsqu'elle excepte des règles de l'addition faite au tableau C un grand nombre de fabricants, nous sommes loin de voir dans ce fait une intention quelconque de méconnaître le principe d'égalité de la loi. Nous y voyons au contraire un désir, très-louable au fond, d'établir des contributions plus proportionnelles aux facultés de chacun ; de sorte que si nous condamnons hautement le système extra-légal, nous approuvons moralement l'intention qui y préside.

Mais, malheureusement, ou plutôt fort heureusement, la loi est au-dessus des administrations, et, alors même qu'elle n'est pas parfaite, il faut que ceux qui l'appliquent se résignent à ses imperfections, sans qu'il leur soit permis de l'amender dans les exceptions qui les frappent.

Nous avouons nous-même tout le premier que la base nouvelle de cotisation édictée par le législateur de 1858, *le nombre des ouvriers,* est un progrès réel, incontestable pour la plus équitable répartition de l'impôt des patentes, pour toutes les industries où cette matière imposable peut se définir entre 10 et 105 ouvriers. Et cela se conçoit sans peine, puisque, plus vous avez de classes, et là vous en avez autant comme il y a d'unités et de demi-unités entre ces deux nombres, et plus vous cotiserez l'impôt avec équité et proportionnalité.

Mais une fois que vous atteignez le maximum, que ce soit en vertu des règles du tableau A, ou en vertu des règles du tableau C, la législation est impuissante pour suivre les individualités, et parmi elles, il pourra souvent y en avoir d'une double, triple ou quadruple importance les unes que les autres, sans qu'il vous soit possible d'appliquer à toutes autre chose que le droit maximum unique auquel s'arrête la loi. — C'est regrettable, tant que vous voudrez ; mais il faut avouer aussi que la loi devait poser des limites pour ne pas ouvrir le champ à des recherches sans fin de la matière imposable, sinon à des vexations, et aussi pour ne pas comprimer l'essor du commerce, qui n'aurait pu être flatté de la perspective d'une contribution indéfinie des droits de patente.

Telle est et telle devait être la loi. Si son application nous amène à constater des inégalités parfois choquantes, que nous déplorons tout comme vous, ce n'est là que l'exception : exception nécessaire qui se retrouve dans toutes les industries et sur toute la surface du territoire français.

Ah ! si, plus profond encore que celui de 1858, un législateur pouvait faire comme le naturaliste, diviser les industries en classes, en genres, en espèces et en familles, arriver à classer presque les individualités, nous le répétons, la cotisation des impôts se ferait sur une échelle bien plus équitable encore. — Mais où trouver des caractères distinctifs suffisants pour établir ces classifications, et où trouver aussi une administration assez clairvoyante pour les reconnaître et faire une application sage de cette loi perfectionnée !.... Il faut avouer que les inconvénients seraient encore probablement plus graves que ceux que cette loi aurait voulu éviter.

Aussi nous nous élevons avec force, mais aussi avec raison, contre toutes prétentions administratives tendant à rectifier la loi, basées même sur le prétexte moral et louable d'atteindre chaque industriel d'une même profession dans une mesure qui lui paraît plus équitable; parce que, quitter le terrain légal, ou ne prendre d'une loi que certaines dispositions aux dépens d'autres ou contrairement à son esprit et à sa tendance, c'est simplement innover l'arbitraire, bien plus fâcheux assurément qu'une imperfection de la loi, généralement peu importante au fond et sans doute inévitable.

Et , dans l'espèce , si nous comprenons sans peine les regrets que
doit éprouver l'administration d'être obligée de revenir aux règles du
tableau A , où elle ne pourra atteindre que d'un droit fixe uniforme de
80 francs les plus notables commerçants, ceux qui cumulent les professions de fabricant et de marchand dans de plus larges proportions
même que ceux qui n'exercent que l'une ou l'autre de ces professions ,
nous sommes obligé néanmoins de lui rappeler que c'est là la loi.
Aussi , au point de vue que nous venons de signaler, nous trouvons
morale sa résistance et nous l'excusons parfaitement , comme nous
voudrions qu'elle nous excuse et qu'elle nous estime pour le motif non
moins moral qui est le mobile de nos propres efforts contre elle. —
En se rendant , du reste, bien compte de la question et des faits , on
devra reconnaître que nous avons traité le problème de la façon la plus
abstraite possible, nous défendant de blesser personne ; et que, si nous
avons développé parfois nos preuves avec quelque vivacité , nous avons
néanmoins toujours été mû par des sentiments de parfaite bien-
veillance.

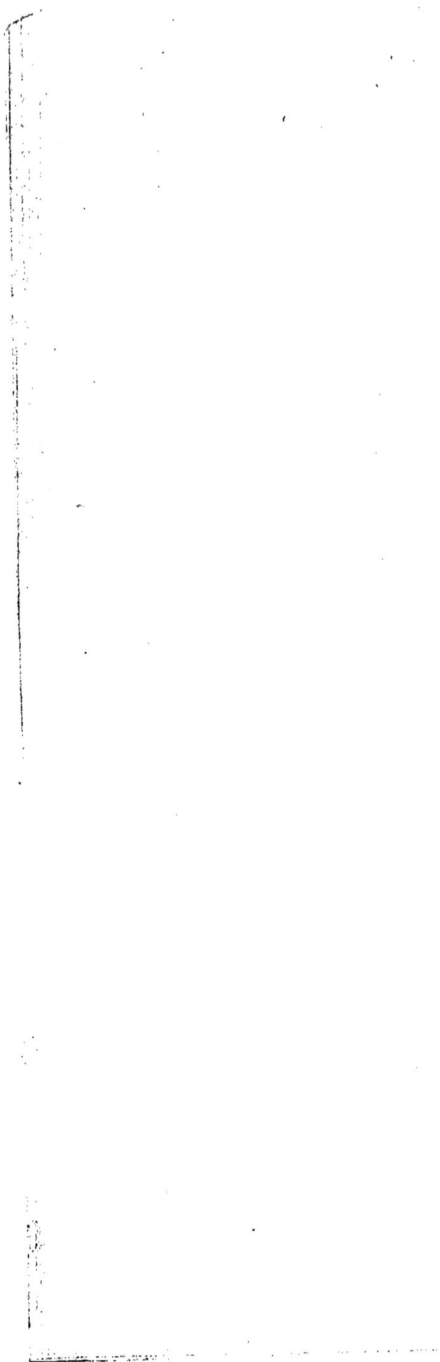

REQUÊTE AU CONSEIL D'ÉTAT

MONSIEUR LE PRÉSIDENT DU CONSEIL D'ÉTAT,

Le soussigné ,

Fabricant de dentelles pour le commerce, habitant la ville du Puy ,

Imposé au droit fixe de la contribution des patentes pour ⸺ ouvrières, tableau C, article du rôle ⸺ ,

Pétitionnaire auprès de M. le Préfet de la Haute-Loire, à fin d'être imposé, dans la contribution des patentes, conformément aux règles du tableau A , et nullement d'après les règles du tableau C,

Débouté de sa demande par décision du Conseil de préfecture, en date du ⸺

A l'honneur de requérir le Conseil d'État à ce qu'il lui plaise :

1° *Annuler* l'arrêté du Conseil de Préfecture de la Haute-Loire, en date du ⸺

2° *Décréter* que le soussigné, patentable conformément aux prescriptions de la loi de 1858 , l'*est*, quant à la cotisation du droit fixe, d'après les règles du tableau A, où cette loi a rangé son industrie 'en trois classes. et *nullement* d'après l'addition faite au tableau C (troisième partie) , à l'article *Fabricant pour le commerce*, attendu que :

1er Moyen. *La matière imposable, dans son industrie, échappe par sa nature et par surabondance aux règles de l'addition faite au tableau C ;*

En Effet, la moyenne de cette matière imposable, qui, d'après le tableau C, est le nombre des ouvriers, se trouve, dans son industrie, de beaucoup supérieur au maximum fixé par le législateur ;— non-seulement la moyenne, mais le minimum de cette même matière imposable devant représenter réellement le lot du plus petit fabricant, est encore, rationnellement et en pratique, au-dessus du maximum que le législateur a défini comme apogée d'importance devant lequel s'arrête l'impôt : de sorte que, en ne faisant pas de cette matière imposable réelle, qui peut se constater quand on voudra, une matière de fantaisie de laquelle le recensement est écarté et sur laquelle on veut appliquer en pratique des règles imaginées en théorie, *elle ne peut être atteinte chez tous les industriels que par le taux maximum édicté dans les règles du tableau* C... énormité qu'il serait impossible de qualifier d'un nom, pour une industrie dans laquelle le législateur a reconnu *trois classes* dans le tableau A... énormité encore qui, outre cette loi de 1858 au tableau A, serait la violation la plus formelle du principe d'équité fondamental de la loi des impôts, à savoir que *chaque contribuable doit payer en raison de ses facultés :* possibilité éventuelle inadmissible dans l'espèce, dans une industrie où les titulaires sont très-nombreux et d'ailleurs remarquables par des différences d'importance très-profondes.

2° Moyen. *L'importance du fabricant de dentelles correspond à l'importance des taux du droit fixe édictés dans le tableau* A ;

Tout l'établit : le nombre très-considérable de fabricants qui se partagent une masse limitée d'affaires ; la faiblesse des bénéfices nécessairement produite par l'excès de la concurrence, dans une industrie qui est un champ de bataille accessible à tous les téméraires ou les entreprenants d'un pays dénué à peu près de toute autre industrie. — Ces résultats ont pour ainsi dire une confirmation officielle.dans les données fournies ou acceptées par M. le Directeur des contributions directes, dans son second rapport, en vertu desquelles le fabricant n'aurait en moyenne que 50 ouvrières, ce qui n'est pas admissible, mais ce qui établirait cependant , en exagérant même le bénéfice journalier de l'ouvrière , c'est-à-dire sa production , une fabrication annuelle de 5 à 6 mille francs seulement et, par conséquent, un bénéfice annuel très-restreint.

3° Moyen. *L'article* 10 *de la loi du* 4 *juin* 1858, *concernant les enfants au-dessous de* 16 *ans et les vieillards au-dessus de* 65 *ans, n'ayant pas d'application dans la fabrique de dentelles, n'aurait pas de raison d'être, c'est-à-dire est formellement méconnu ;*

En effet, la matière imposable échappant par surabondance aux règles du tableau C, comment tenir compte d'un article de loi qui réserve des demi-unités ? A quoi bon cette prescription légale lorsque, dans tous les cas , on a la faculté d'un nombre d'unités dépassant le maximum défini légalement.

Or, le législateur a-t-il voulu être interprété de telle sorte que si quelques-unes de ses stipulations, soit l'addition faite au tableau C, donnent la main à une application apparente, d'autres stipulations non moins formelles et ayant la même valeur, comme l'article 10, soient mises simplement à néant, alors que le cas se présente de les appliquer ?

4° Moyen. *L'impôt sur le fabricant de dentelles, d'après les règles du tableau* C, *toujours par la nature même de cette industrie, retombe, en réalité, dans l'espèce, sur les ouvrières ;*

Ce qui est contraire à l'esprit de la loi de 1858, qui a affranchi de tout impôt de patente environ 140,000 petits contribuables, et à la loi, en général, qui n'a jamais atteint d'aucun impôt de patente l'ouvrier travaillant seul pour le compte d'autrui ;

L'ouvrière en dentelles produit annuellement une très-faible somme : l'impôt demandé pour elle et comparé à cette somme de travail l'affecte si fortement que, si le fabricant ne veut pas compromettre lui-même la juste rétribution qui lui est due, il faut qu'il réagisse contre l'ouvrière et que le salaire de celle-ci soit abaissé en proportion du renchérissement produit par l'impôt. Le calcul le plus modéré montre ce renchérissement représenté par 3 ou 4 pour 100 (4 fr. 50 environ de cotisation totale sur 100 à 120 francs de production annuelle) et il est impossible que le fabricant soit indifférent à une perte que, dans le commerce, on qualifierait d'*agio* énorme.

5e Moyen. *L'impôt des patentes, d'après les règles du tableau C, n'est appliqué qu'à la minorité des fabricants de dentelles ;*

Ce qui est contraire au principe fondamental du droit français et à la loi qui proclame tous les citoyens égaux devant elle. — Il n'y a que la 5e ou la 6e partie des fabricants de dentelles imposés d'après la métode nouvelle qui est tout-à-fait onéreuse : or il n'y a pas d'exception possible à articuler pour justifier cet odieux abus ;

6e Moyen. *L'administration, en divisant les fabricants de dentelles auxquels il lui a plu d'appliquer soi-disant les règles du tableau C en séries, dont les unes sont représentées par 60 ouvrières, les autres par 80, et les autres enfin par 105 ou au-delà, s'écarte formellement des règles stipulées dans l'addition faite au tableau C, qui ne reconnaît pas de séries ni de classes dans les fabricants pour le commerce et qui ne formule absolument que l'unité ou la demi-unité comme bases du droit fixe.*

L'administration a, en effet, divisé théoriquement les fabricants de dentelles en 3 classes , 60, 80 et 105 ouvrières , tableau C ; deux ou trois exceptions ne peuvent détruire cette règle générale qui appert suffisamment de l'examen de la matrice des rôles , et qui d'ailleurs a été avouée par elle. — Or, c'est formellement agir de la façon la plus contraire aux prescriptions légales du tableau C. — De plus, le nombre réel des ouvrières n'étant plus la base de cotisation et chaque contribuable n'étant plus imposé que d'après une base théorique plus ou moins apparente, le droit sacré de réclamation d'après les bases du tableau C devient dérisoire, s'il n'a disparu, puisque la base légale sur laquelle seule le contribuable est admis à réclamer , est absente dans la cotisation qu'il subit , absente non pas nominalement , mais effectivement. Cette base légale effective, plus considérable que la base nominale, si le contribuable l'invoque, doit faire ressortir son droit fixe au taux le plus élevé, et il arrive que pour toutes les cotisations inférieures au maximum, il peut se considérer avec raison non pas comme trop fortement imposé. mais comme l'obligé de l'administration, de laquelle il dépendra toujours de le cotiser au taux maximum. — Système étrange qui ne peut pas avoir de sanction dans la loi.

Le soussigné invoque à l'appui de sa requête et comme démonstration plus complète de ses moyens, le mémoire ci-joint, aux conclusions duquel il adhère .

Et, plein de confiance dans la haute et sage juridiction du Conseil d'Etat.

À l'honneur d'être .

Monsieur le Président,
Votre très-humble et très-obéissant serviteur ,

Le Puy, le   octobre 1861 .

Le Puy. — Imp. MARCHESSOU.

www.ingramcontent.com/pod-product-compliance
Lightning Source LLC
Chambersburg PA
CBHW071211200326

41519CB00018B/5470